璧山抗战记忆

——来自美国国家档案馆的珍贵影像

中共重庆市璧山区委党史研究室 编

重庆出版集团 重庆出版社

图书在版编目（CIP）数据

璧山抗战记忆：来自美国国家档案馆的珍贵影像 / 中共重庆市璧山区委党史研究室编. -- 重庆：重庆出版社，2023.6
ISBN 978-7-229-17618-1

Ⅰ.①璧… Ⅱ.①中… Ⅲ.①抗日战争—史料—璧山 Ⅳ.①K265.06

中国国家版本馆CIP数据核字（2023）第088351号

璧山抗战记忆——来自美国国家档案馆的珍贵影像
BISHAN KANGZHAN JIYI:
LAIZI MEIGUO GUOJIA DANGANGUAN DE ZHENGUI YINGXIANG
中共重庆市璧山区委党史研究室 编

责任编辑：袁婷婷
责任校对：杨 媚
装帧设计：颜学均

重庆出版集团
重 庆 出 版 社 **出版**

重庆市南岸区南滨路162号1幢 邮编：400061 http://www.cqph.com
重庆巴南彩印厂印刷
重庆出版集团图书发行有限公司发行
E-MAIL:fxchu@cqph.com 邮购电话：023-61520646
全国新华书店经销

开本：787mm×1092mm 1/16 印张：16.125 字数：84千
2023年6月第1版 2023年6月第1次印刷
ISBN 978-7-229-17618-1
定价：280.00元

如有印装质量问题，请向本集团图书发行有限公司调换：023-61520678

《璧山抗战记忆——来自美国国家档案馆的珍贵影像》

编 委 会

《璧山抗战记忆——来自美国国家档案馆的珍贵影像》

编 辑 部

主　　编： 欧汉东

执行主编： 林勇华　黄　林

副 主 编： 刘　静（责任编辑）

编　　辑： 朱堂梅（图文翻译）

执　　笔： 胡正好（书名题字）　傅应明

前　言

抗日战争时期，国民政府迁都重庆。位于重庆西陲门户的璧山，成为战时首都重庆的迁建区，国民政府军训部、教育部等70余个军政、文教、金融、卫生单位共6万余人先后迁驻璧山。抗日战争时期，日军侵略给璧山人民带来深重苦难，同时，国民政府组织工厂和人员内迁又给璧山的发展带来机遇。众多实验区及基地的建立，纷至沓来的名人名流，扩大了璧山在政治、经济、文化等方面的影响，使璧山成为全国甲等县。1944年5月2日，美国《展望》杂志以7个页面15幅照片，讲述了身处抗战大后方的璧山所发生的故事。

2010年，筹办“国家记忆——美国国家档案馆二战中缅印战场解密影像展”的团队①从美国国家档案馆复制了2万

① 这个团队是由章东磐、邓康延、晏欢、牛子和戈叔亚五位中国民间学者组成。他们自筹资金，亲赴美国国家档案馆，历时两个多月，从中整理出了所有的远征军及盟军影像资料。这些珍贵的资料包括两万三千余张战地照片和超过一百多个小时的原始影像记录。他们通过出版图书或展览的方式，旨在让更多的中国人了解这段历史，激发爱国情感，同时对那些为中华民族流血牺牲却默默无闻的先辈表达一种迟来的致敬。

余幅中国抗战照片。经考，其中145张照片是在壁山所摄，内容有军事活动、学习生活、市井生活及城市风貌、各类人物的肖像特写等。负责整理中国抗战照片的晏欢[①]说，在美国国家档案馆的藏图中，如此密集地对一个中国抗战小城镇进行综合的拍摄，壁山显得尤为突出。一帧帧图片定格了一个个场景和人物，也凝固了一段特殊的历史。这组影像以其特殊的画面载体形式，多角度、多层面地记录了抗战时期壁山的情况，显得弥足珍贵。

从照片的拍摄到《壁山抗战记忆——来自美国国家档案馆的珍贵影像》出版，时光流逝近80载，壁山已发生了翻天覆地的巨变。国家园林城市、国家城市湿地公园、国家新型工业化示范基地、国家农业科技园区、全国双拥模范城、全国水生态文明试点城市，由重庆远郊县成为重庆主城都市区、成渝地区双城经济圈的桥头堡……壁山按照“建设高质量发展样板区、打造高品质生活示范区”新定位，推动经济

---

① 晏欢，2005年至今，专注从事抗战历史研究挖掘工作，尤其在第二次世界大战盟军远东战场，暨中缅印（CBI）战区战史研究方面，著述颇丰，先后与晏伟权合著出版书籍《抗日名将潘裕昆》《密支那战役全记录》等；与胡博合著出版《中缅印战区盟军将帅图志》。担任大型抗战影像书籍《国家记忆》编辑委员会委员，兼任全部图片的翻译工作，并多次担任《国家记忆》展览策展人。2009年，担任纪录片《发现少校》编剧，该纪录片荣获第四十五届休斯敦国际电影节纪录片金奖。

社会向前发展。

以史为鉴，开创未来。整理出版《璧山抗战记忆——来自美国国家档案馆的珍贵影像》，就是要铭记抗战历史，弘扬抗战精神，坚定理想信念，为国家富强、民族复兴，实现伟大的中国梦作出新的贡献。

编委会

2021年12月

目　录

透过弹雨硝烟的希望之光

——不能忘却的壁山抗战记忆

胡正好[①]

杜鹃啼血的春天里，一次次凝视这145张照片，一次次不由自主地流下热泪。九十年前，一场由日寇发动的侵华战争造成了中华民族的深重灾难。在这场延续了十四年旷日持久的战争中，华夏儿女为挽救民族危亡所进行的

① 胡正好，重庆璧山人，字适甫，号巴山石、梅隐山房主人。中国书法家协会会员，重庆市书法家协会副主席，四川美术学院特聘教授，重庆师范大学书法艺术研究院创研部主任，重庆市群众文艺创作专家委员会成员，重庆市地方志专家库专家，北京大学访问学者。

不屈不挠的拼死反击，已经成为一部震撼人心的长篇史诗而永载史册。在这部史诗的叙事里，身处抗战大后方的壁山人民竭尽全力支援前线的动人场景，当然应该留下浓墨重彩的一笔。得益于1943年冬至1944年初美国摄影师乔治·安烈生[①]在壁山拍摄的这批照片，定格了壁山这一段特殊的历史，让我们今天仍能够得见先辈们虽然物质艰苦但精神乐观的面貌，体会到中华民族历万劫而不灭的动力来源。得益于晏欢、戈叔亚两位先生不远万里从美国国家档

①乔治·安烈生（George Alexanderson，1904—1954），1929年开始为《纽约时报》工作，是一名航拍摄影师。从1943年—1945年为国民政府的对外抗战宣传机构——国际宣传处设置在美国纽约的中国新闻社（Chinese News Service）工作。期间到中国西南及缅甸，并多次加入当时驻成都美国轰炸机队轰炸日本本土的拍摄行动。后回到美国继续为《纽约时报》工作直到1954年病逝。

案馆拷贝了这批照片，使得抗战时期璧山人民的影像能够回到故土，以永远启迪后人。通过这一帧帧照片，我们仿佛回到了那个惨烈悲壮而又群情振奋的岁月……

一、国殇—西迁、西迁

操吴戈兮被犀甲，车错毂兮短兵接。
旌蔽日兮敌若云，矢交坠兮士争先。
凌余阵兮躐余行，左骖殪兮右刃伤。
霾两轮兮絷四马，援玉枹兮击鸣鼓。
天时坠兮威灵怒，严杀尽兮弃原野。
出不入兮往不反，平原忽兮路超远。
带长剑兮挟秦弓，首身离兮心不惩。
诚既勇兮又以武，终刚强兮不可凌。
身既死兮神以灵，子魂魄兮为鬼雄！

——《国殇》·屈原

1937年11月，中国军队阻击日军疯狂进攻的淞沪会战以失败而告终，国民政府首都南京已是危机四伏，随时会有陷落的危险。为此，基于“抗倭之最后地区与基本线，乃在粤汉、平汉两路以西；而抗倭之最大困难，乃在最后五分钟，此时应决心迁都于重庆，以实施长期抵抗之计，且可不受敌军威胁，以打破敌人迫订城下之盟之妄念”[①]的考虑，国民党国防最高会议决定迁都重庆。在此后迁都的过程中，重庆市区附近100公里和成渝、川黔公路两侧80公里范围内成为国民党中央和政府各机关迁建地。璧山以缙云山脉、云雾山脉两山夹一谷的地形构成了天然屏障，自古为川渝交

① 摘自《蒋介石日记》，1937年11月13日。

通咽喉，又地处成渝公路上，交通便利，距离重庆市区60公里，因此被划定为战时首都迁建区，一大批机关、学校以及其他社会机构落户，如国民政府军事委员会军训部、教育部、经济部商标局、国立艺术专科学校、国立交通大学贵州分校等，同时还先后在璧山创办了国立社会教育学院、国立音乐院。璧山更是被确定为国民政府军服基地，知识青年远征军基地，以及中央实验卫生院教学区、地方法院实验区、农林部社会部农会示范县及省政府乡村建设实验区、农业推广辅导区，更是平民教育促进会华西实验区总部所在地。截至1942年，璧山县境内总计内迁单位约70余个，人口6万多，约占全县总人口数的六分之一（1942年，璧山人口总数为329520人），璧山一时成为重要的抗战避难所。

其中一些重要机构的迁建情况为：1938年，国民政府教育部迁青木关（时属璧山管辖），军训部迁璧山县城；1939年，战时儿童保育总会直属第四保育院迁至八塘乡，湖南省第二保育院迁至大路乡何家沟，后迁至宝光寺更名为战时儿童保育总会直属第五保育院，赈济委员会重庆第四儿童教养院迁璧山县城以西东林寺，经济商标局迁丁家联保[①]；1940年，中央卫生署公路卫生所先后迁璧山县城、来凤驿，交通部交通技术人员训练所迁丁家镇，国

①丁家联保，1935年丁家设为丁家联保，1940年改为丁家镇，1941年改为丁家乡。

立艺术专科学校先后迁璧山县城、蒲元梯子岩；1942年，交通部川陕干线驿运管理分处渝隆驿运段迁青木关镇，沈钧儒律师事务所迁璧山县城；1944年，青年军二〇一师迁璧山县城，交通大学贵州分校迁丁家乡。此外，1940年国立音乐院创立于青木关，1941年国立社会教育学院创立于璧山县城。

在日寇疯狂侵略的战争中，往大后方璧山的迁移谈何容易！当年国立艺专学生谭雪生、徐坚白在《抗战时期的国立艺专》一文中谈到学校从昆明迁移到璧山的过程是这样记述的："这次是各奔前程，同学们领到学校发给的少量旅费，便三三两两，各自结伴去搭乘当时名叫'搭黄鱼'的公路运输汽车，出钱多的就坐在司机身旁，钱少的就只好连人带行李塞在货物堆里。有些同学运气不佳，半途遇着汽车‘抛锚’，便只好弃车步行。有些因为这样走走停停，把钱用光了，就只好滞留在当地打零工，到凑足了下一段旅费再走。有着抗战传统的一九四四级趁迁校之机组织了滇、黔、川数千里‘徒步旅行抗敌宣传队’，滕固校长备极关怀鼓励，在队的纪念册上题上了‘腹地长征’四字，惜过于艰苦，未能全级参加。在四十余天的旅程中，他们备尝挨饥受饿、病苦惊险的生活，但终于越过云贵高原的崇山峻岭而到四川璧山，会合先到的级友们于热烈的欢迎会中。”

二、岂曰无衣，与子同袍

岂曰无衣？与子同袍。王于兴师，修我戈矛。与子同仇！

岂曰无衣？与子同泽。王于兴师，修我矛戟。与子偕作！

岂曰无衣？与子同裳。王于兴师，修我甲兵。与子偕行！

——《诗经·秦风·无衣》

史料载，璧山县1938年粮食产量667986石，按人平月用粮20斤计，农民26万消费62.4万石，7万居民消费粮16.8万石，粮食已现缺口12万石，上年积谷10927石，缺口粮每年在10万石上下，由邻县调进，只能作调剂居民应急粮。璧山定为战时首都迁建区后，新增人口在6万左右，1939年起每年又多消费20万石粮，所以粮食更趋紧张。

1940年9月26日，县政府成立了粮食管理委员会，专事购囤军粮。1941年5月21日，县政府又发布《非常时期违反粮食管理治罪暂行条例》，规定囤谷5000石以上，或小麦3000石以上者处死刑，集其下数量的处予不同惩罚。一些粮商的粮被没收。当年，四川省代理主席蒋介石提出成立四川省捐献军粮委员会，全省捐献军粮（含杂粮）134011石，代金3749687元。而璧山县捐军粮2628石，代金41988元，分别为全省的2%和1.1%。由于献粮成绩卓著，获国府、省府奖，并上国府纪念碑，有74人献粮获四川省政府奖章，93名获璧山县政府奖章。

1941年至1942年是中国敌后抗战最为困

难的时期，先后有1942年一九六师、1944年九十八军第九师过境璧山并进行整编，其军需也在璧山就地筹措，更造成极大困难。1942年9月至1943年，璧山为军训部及其所属机构提供马料80多万斤、过境军队马料11万余斤，而1943年县粮仓存粮1907石，约合19万余斤，于是，只好向县民征收公粮，仅1943年就达36300余石，造成民间粮食严重不足。至1945年，全县农民除上交份额公粮外，被增加出售稻谷43700多石，百姓粮食几无余粮。1938年，璧山县财政收入23.7万元。在当年国民政府发起的劝募救国公债运动中，璧山派募公债5万元，占到当年财政收入的21%。为挽救抗战的极度困难局面，1942年，国民政府先后发行了建设乡村公益储蓄券、同盟胜利公债，璧山被分配储蓄券金额达3279万元，分别采取在田赋税中摊派、商业和职业团体中募捐两种办法完成。1944年，全县建设乡村公益储蓄券额任务为3000万元，临近区县江津5000万元、永川4000万元，然而当年璧山财政收入还不及江津五分之一、永川三分之一。而在同盟胜利公债方面，仅1945年璧山就承担了2800万元，而临近的永川为213万元、铜梁为1193万元，璧山人民为支援前线抗战所承受的负担之重可见一斑。

地处重庆近郊、又在交通要道上的璧山，除了接受成建制的内迁人口外，还接纳沦陷区大量难民。1938年，璧山县成立了寒衣劝募委员会、县慈善会、运送难民委员会、赈济委员会等机构，在璧山县城及成渝、绵渝交通线上的乡镇驻地设立了难民接转站，仅城中就设立了4个难民招待所。城南乡东岳庙收容200人，城西乡东林寺收容200人，城东龙桂寺收容150人，丹凤乡天竺寺收容900人。1939年上半年，国家赈济会重庆教养院，即第四教养院300余师生迁住城西东林寺。随后，湖南省第二保育院450人迁大路乡何家沟，同年秋末迁宝光寺更名为中国战时儿童保育会直属第五保育院，收养儿童600多人，有教职工100多人。同年，第四保育院迁驻八塘乡南华官，1943年迁大路宝光寺与第五保育院合并。璧山县除了自救外，还在重庆市设立了璧山县空袭紧急救济联合办事处，参加重庆市的救济工作，共救济难民4914人。大批的难民，无寒衣御冬，县成立了征募寒衣运动委员会，广泛发动社会各界征募寒衣。1940年县动员委员会召集各机关、法团、学校、士绅开会，商讨了征募寒衣（代金）办法：商店捐一日所得，机关、法团、学校职员也捐一日所得，学生自愿捐募；大的乡镇捐寒衣代金520元，次的乡镇捐400元；不捐的富户由动员委在该户大门张贴“为富不仁”等标语。至1942年3月上级令征募寒衣工作结束，全县共征募寒衣6万件。1945年，璧山县县长王槐在给四川省主席张群的报告中指出：“全县织布厂，约承军需署及花纱局布匹，以供给军需民用，年产布匹实占大后方总产量的四分之一强，有案可稽，是璧山织工厂户，对国家贡献不为不大，拥护抗战，不为不力。”璧山织布业自清代晚期就已发达，光绪年间，璧山就已开始引进洋机纺纱。民国初，先后有日新永、裕顺恒、王恒顺、瑞昌永等13个织布厂，宽幅布机发展到1万多台，月产白布20万匹左右。抗战爆发后，被国民政府选定为军服生产基地。1939年，国民政府农本局在璧山设立福生璧庄，专门办理放纱收布业务。1941年军政部设立军需署被服厂，私营机户向福生璧庄或军服厂请购或请贷机纱，福生璧庄及军服厂每月供给机纱近千件，连同黑市纱和土纱，璧山每月产布7万匹左右。据资料，1942年璧山有织户1500

户，织机6000台，月产军需布7.8万匹，月产值3900万元，年产值4.68亿元（当年全县财政收入仅524万元）。而到1945年，璧山织机2万台，男女织工5万多，全县近70%约20万人直接或间接以此为生，生产的军需布年产近500万匹，超过四川省产量的四分之一。从1941年至1945年，全县财政收入由171.4万元升至10941万元，其中织布业收入占财政收入达到71%。

三、厉我兵马，铸我甲衣

走，朋友！我们要为爹娘复仇！
走，朋友！我们要为民族战斗！
你是黄帝的子孙，我也是中华的裔胄。
锦绣的河山，怎能让敌人践踏？

祖先的遗产，怎能在我们手里葬送？

走，朋友！我们走向战场，展开民族解放的战斗！

走，朋友！我们要为爹娘复仇！

走，朋友！我们要为民族战斗！

全世界被压迫的人民，都是我们的兄弟；

爱好和平的国家，都是我们的朋友。

我们有没有力量？有！

我们有没有决心？有！

拿起我们的枪杆笔杆，

举起我们的锄头斧头，

打倒这群强盗，

争取我们的自由。

看，光明已在向我们招手！

——流亡三部曲之《上前线》

随着国民政府首都迁移重庆，其军事委员

会军训部也于1938年初来到壁山选址，缙云山麓地处壁山城郊、成渝公路旁的牛角湾因其隐蔽性、交通便利性，自古又有温泉流出，故被看中。此后，军训部圈地3平方公里，先后建成总务厅、参事室、会议厅、宿舍等，并驻有特务连。在建设军训部设施的过程中，温泉被扩建为游泳池，白崇禧还亲笔题书“壁泉”二字，镌刻于成渝公路石壁上。以此开始，一大批军队陆续入住壁山。据不完全统计，1938—1945年，驻扎壁山的包括军训部本部及其所属机构以及其他番号的部队人数累计达13600多人。

与此同时，由于前线战事的需要，壁山征兵任务亦重。根据国民政府《兵役法》，从1937年开始，兵役年龄从20—35岁修改为19—45岁。1938年璧山总人口33万人，按征兵比例应是326名，但省政府下达的任务为381名，实际征兵1165名。从此，由于强有力的宣传甚至强拉，璧山县每年新兵征募均超额完成，在1942年，全县征兵数甚至达3433名，以后各年壮丁均在3000人左右。至1945年抗战胜利，璧山县征兵总数为23691名，占总人口的6.8%，高于潼南，与永川、铜梁持平。

1944年，长沙沦陷，衡阳、独山相继失守，日寇大军直趋贵阳，威胁重庆。加之由于太平洋战争爆发，盟军供援中国战区军事物资的西南陆路交通线被切断，造成包括重庆在内的大后方战略物资匮乏，而当时国民政府派出的远征军为打通这一线路的远征失利，导致抗战形势相当危急。10月，蒋介石发出“一寸山河一寸血，十年青年十万年”的号召，面向各大、中学校、机关职员及社会知识青年招募知识青年远征军，以准备重新入缅作战。当年，重组的知识青年远征军共9个师，其中二〇一师驻璧山，设8处，辖2旅9团，此外还有炮、工、辎、通讯、搜索、特务、卫生等直属连营及师政治部，在璧山入伍的有1215名。为支持青年远征军事基地建设，璧山也付出了很大代价。1944年11月10日，四川省政府电：“勘定璧山县北外滑翔机场附近及河边场一带建筑全国知识青年军司令部，请转饬璧山县政府代征基地，在手续未办竣前准先动工。”

至1945年，共征地49户、113亩，房屋收买39间。对于青年二〇一师，国民政府十分重视，蒋经国、中央政治学校教育长程天放、国民政府军事委员会政治部部长张治中先后到璧山视察，蒋介石在1945年夏也亲自到璧山检阅二〇一师全体官兵并作了训话。

1938年，为适应战时需要，国民政府决定修建白市驿军用机场，并于11月1日成立机场建筑委员会。根据四川省政府安排，建设工程任务由永川行政督察区专员公署所辖的荣昌、铜梁、璧山、大足、江津、江北、綦江、合川等县征集民工2万余人，编成16个大队，璧山县大队由县长王仕悌担任，征集民工1500人，施工所用工具扁担、箩筐、锄头、铁锹以及衣被等生活用品乃至铺床所用稻草均由民工自带。民工劳动、生活的条件异常艰苦：根据当时璧山县政府的调查，民工的住宿“露霜骨寒，虱蚤丛生，目不忍睹”，三餐则十天半月不见油荤，劳动时间每天达12小时以上。鉴于这样极其艰苦的工作生活条件和高强度的劳动，所以政府不得不将民工队伍进行三个月一次轮换。1939年6月30日，按照设计要求，机场竣工，但经验收达不到战时功能需要，于是在当年11月，按照要求，不得不进行扩建。第二次派工遇到了极大阻力，直至1940年2月，只征集到3000劳力进场，导致扩建施工工程被迫中断。一则征招当兵的青壮年过多，以至于农村劳力缺乏，民工不愿参加；二则日军对包括机场在内的重庆重要设施的轰炸日益频繁，即使到场的民工也逃匿不少。为此，四川省政府对荣昌、永川、长寿、大足四县县长进行了处分，而因为璧山民工在工作中吃苦耐劳、工作积极，璧山县接下了其他县的工程，直到1942年1月整个工程完工。白市驿机场的建设，璧山派出民工18900人次，完成土石方施工1151621方，为战时首都重庆的安全，特别是直到抗战胜利这段时间空中航线对重庆的物资补给做出了巨大贡献。

四、沐血浴火，共赴国难

五三与五四，寇机连日来。
渝城遭惨炸，死者如山堆。
中见一尸骸，一母与二孩。

一儿横腹下，一儿抱在怀。
骨肉成焦炭，凝结难分开。
呜呼慈母心，万古不能灰！
——郭沫若纪重庆大轰炸诗《惨目吟》

1938年2月18日到1944年12月19日，日军对重庆及其附近地区进行了长达6年多的军事和平民目标无差别的大轰炸，以期摧毁中国人民的抗战意志，从而达到占领中国的目的。壁山由于地处重庆近郊，所以在这场大轰炸中也未能幸免，造成壁山人民生命财产的严重损失。这4次轰炸应当被我们铭记：

1939年：

1月7日下午1时15分，1架日机侵入大鹏乡上空，投下2枚炸弹。

1月8日中午，数架日机从青木关方向飞入县境，在谢家湾、陈家湾等地投下4枚炸弹。

1月14日午后1时，10架日机在正兴乡三官殿文家堡、曾家坝投下19枚炸弹，炸毁农房18间及数亩庄稼竹林，炸死牲畜4头。

1940年：

8月2日凌晨1时，日机12架轰炸县政府。县政府办公楼和附近的县法院被炸，炸损平房6间，及档案67件，法院候补推事黄明友等4人被炸伤。县监狱被震坏，在押人犯230人全部逃逸，其中烟毒犯110名，盗匪犯67人，寄押军事人犯22人，普通刑事犯31人。同时，在县府街东、西两侧投下的数枚炸弹和燃烧弹，让30余户房屋及商店化为灰烬。此外，在小东门、车站、三圣宫、飞扬酿酒公司等多处投弹，炸毁房屋数百间，炸死40人，重伤20人，轻伤37人。

面对日机对包括壁山在内的重庆地区的野蛮轰炸，民众自发组织起来开展募捐救援活动。1938年，壁山民众发表《为募捐救济重庆被轰炸难民呼吁书》。1939年，壁山县政府成立“壁山县空袭救济联合办事处”开展对在空袭中受害民众的救济工作。同时在大中专学校及中学开展防空、反空降训练。正则蜀校校长吕凤子、职业学校校长饶尚泮等，还向县政府专报了训练实施意见。

尤其不能忘记的是，发生在璧山上空、被载入中国中日空战史册的那次重大战役——“九·一三空战”（也称“璧山空战”）：

1940年9月13日，日军轰炸机群在13架最新参战的零式战斗机护航下实施对重庆的又一次轰炸，中国空军34架E–15、E–16战斗机奉命从四川遂宁机场起飞迎击。但我机群飞抵重庆上空时，因日轰炸机已远去，遂开始返航。12点1分，机群在位于白市驿以西10公里的璧山上空向遂宁方向飞行，遭遇这13架日本零式战斗机群的猛烈偷袭，双方遂展开了激烈战斗。由于日机在航速和机动性上占尽优势，仅仅持续了20分钟的战斗，以中国战斗机被击毁13架、损伤11架、阵亡10人、伤9人，日方4架战斗机被击伤的结果告终，被击落的13架飞机全部坠落在璧山县境：大兴乡9架，狮子乡3架，福禄乡1架。空战结束后，璧山县自卫队、防护团即派员搜寻，至当晚12时，寻获10具飞行员遗体，经清洁后，以白布裹身，并赶制黑漆棺木10口装殓。同时将受伤的武振华、王广英、王特谦进行简单包扎后，送空军救护车运走。坠机残骸由县政府派保甲壮丁武装警戒、严密守护，后由空军总站机务人员拆卸零件后陆续运回机场。14日，璧山县举行了各界人士和民众参与的盛大公祭大会，上万人参加公祭大会后，护送烈士棺木至车站，交空军的运输车运走，沿途高呼“打倒倭寇！”“为殉国空军烈士复仇！”等口号，场面悲壮激昂。让我们记住这10位为国捐躯的飞行员：杨梦青、黄栋权、刘英役、余拔峰、康葆忠、雷廷之、曹飞、张鸿藻、何觉民、司徒坚。

璧山人民的抗战不止在大后方，一大批热血男儿为赴国难舍去家园，离开父母妻儿奔赴前线，他们以大无畏的英雄气概向死而生，鏖战在与日寇拼杀的凶险战场。史料载，1931年至1945年整个抗日战争期间，从军抗日的璧山籍将士达21426名，约占当时璧山人口的6%，他们当中有843人为国捐躯。据可查的档案资料，这里暂且列出已经发现姓名齐全的英烈35人，他们是：周明华、刘吉发、叶代缘、陈连文、彭海云、郭文斌、刘述清、郭玉富、彭万全、贺长发、何明、王万才、石崇寿、温克定、廖银才、张海全、艾禄寿、张泽、谭铁僧、江年岸、彭珩、江华光、封国良、封健、巫泽容、廖云龙、蒋海全、周银山、温寿昌、申吉三、朱炳荣、陶树林、朱骥旂、陈述云、徐国镇。

对于为抗日而牺牲的烈士，璧山人民给予了最高的礼遇。抗战期间，每逢“七七”卢沟桥抗战纪念日，全县从政府到民间都要组织大型纪念活动，机关、法团、学校一律下半旗、停止娱乐、民众素食一日，寺庙举行宗教祈祷，超度抗日英魂。同时，全县上下要发动捐款捐物，并开展组织慰问活动。1938年1月20日，四川省最高军事长官、四川省主席、一级上将、第七战区司令刘湘病逝武汉。2月11日，刘湘灵柩经成渝公路抵璧山，县政府组织各里设灵堂追悼刘湘，并在县城场口马路高扎素彩牌坊，“与祭者千余人莫不愤然洒泪，极尽哀思”。1938年5月5日，在台儿庄战役中英勇牺牲的四川抗日名将王铭章将军灵柩经璧山，县各里亦设灵堂追悼。同年，璧山县设忠烈祠，以纪念抗日阵亡将士，第一批入忠烈祠的有陆军第二十六师官佐、一等兵王伦、贺吉祥、周云、梅海洲，上等兵郭伦，中士王凯，少校军医徐德新。

遵照国民政府规定，璧山县政府于1940

年在县城车站成渝、绵壁公路交汇处建立“抗战阵亡将士纪念碑”，由正则艺专校长吕凤子题写了碑名。

1946年，壁山县各界人士为纪念抗日战争胜利，请邓子琴先生撰写了《抗战胜利纪念碑铭》：

> 国家抗战军兴之第八年，岁次乙酉，八月十日，倭泥首请降，横流康济，大功用集。越数月，寇酋于京沪平津粤鄂各地，先后纳款。于是收复、安集、遣俘、复员之事，乃相继频仍。今岁五月五日，国民政府还都南京，威仪重建，郊禋不失，猗欤盛哉！此固国家所同庆者也，壁山地迩陪都，驰道交午，绾毂成广，虽蕞尔小邑，而军兴以来，织襄称最，三军挟纩，与有

力焉。若乃备刍秣，供馆舍，亦有可述者。于是军委会军训部，行政院教育部，均移驻县境。若国立社会教育学院之创立，青年军二〇一师之集训，又其著者也。至于悉索蔽赋，执戈卫国，则举国从同，无得而称焉。夫地以人重，时不再来，今既庆国运之重兴，复惜诸部校之迁行，凯歌骊驹，沓然并至，眷言盛况，曷其勿怀，乃伐石记事，系之铭辞以重之，其辞曰：

洪波振壑，大火燎原，焚溺斯及，伊谁得全。日寇鸱张，山河变色，左衽堪忧，震惊四国。海啸陆沸，人击马蹂，金翅凌空，巨卵下投。国府播迁，民人奔迸，惟西南陬，先民所靖。保国滋大，多助兴邦，竞夷巨憝，惨黩重光。收京复国，遂济艰难，强梁者死，无诲圣言。藐尔璧山，陪都之西，织社祇业，裕我征衣。教训诸官，庞然大庠，联翩莅止，民智斯扬。言旋故京，楼船下峡，国门所瞻，清望悠阔。西蜀掌故，东京梦华，增荣益观，垂思无涯。泠泠碧泉，贞珉在庭，见或堕泪，此非新亭。

——民国三十五年五月壁山各界人士公立

五、文以载道，教以兴邦

皇皇者中华，五千年伟大的文明，亘古照耀齐日星。

制作宏伟，河山信美，充实光辉在我辈。
我们以热血润色河山，不使河山遭蹂躏。
我们以热情讴歌民族，不使民族受欺凌。
建筑坚强的城堡，保卫我疆土人民。
雕琢庄严的造像，烈士万古垂令名。
为创造人类的历史，贡献我们的全生命。

——国立艺术专科学校校歌

1944年4月，日军为了打通中国占领区内的陆上交通线，以取代遭受到美军飞机和潜艇封锁的海上运输线，同时消灭位于华中前进基地的美国陆军援华第14航空队主力，瓦解国民政府的抗战意志，动员52万大军发起“一号作战”。12月，美国援华第14航空队位于衡阳、零陵、桂林、柳州的基地相继沦陷，日军先遣部队进入贵州独山，直接威胁昆明与战时首都重庆的安全，中华民族实已陷入危急存亡的危险时刻。然而，即使在这样的关头，璧山这块土地上的教育文化事业始终倔强地发展着。

1938年，随着国民政府教育部内迁璧山青木关，一大批学校也随之迁来璧山。其间，先后有江苏省旅川中学璧山分校、私立九江同文中学、中央大学附属中学、私立淑德女子中学、国立艺术专科学校、国立劳作师范、交通大学贵州分校、北平铁道管理学院等学校迁建于璧山。随后的几年间，国立音乐院、国立社会教育学院、私立正则艺术专科学校、私立勉仁中学、私立亚洲中学等则创立于璧山。同时还有县立一中、二中、璧南中学、甘棠中学、明善中学、明志中学、大道中学。1938年至1942年，璧山教育形成了遍布城乡的大学5所、中学20所、小学276所，学生人数近4万。此外，根据《国民教育强迫入学实施细则》，全社会推行民众教育，强迫15—45岁不具备小学文化的强迫入学。至1942年，县公私立小学兼办社会教育，民众参与识字、通信讲演、卫生指导、家庭访问、恳亲会的人数达到37000多人。在极其贫困的当时，为保教育，按照1939年试行、1940年正式实施的“政教合一”新县制，乡镇长兼中心学校校长，保长兼所在保国民学校校长，璧山县在财政投入上给予了有力支持，1939年，全县财政收入41.2万元，而教育经费支出18.17万元，占财政收入的44.2%，1940年，教育经费升至县财政的48.72%。期间，先后有郭沫若、许德珩、晏阳初、吕凤子、梁漱溟、黄炎培、熊十力、黄齐生、欧阳陶承、欧阳予倩、徐悲鸿、潘天寿等教育家、艺术家、社会活动家会聚璧山工作、生活，一时大家云集，形成了抗战大后方一道亮丽的风景。

在物资极其匮乏、条件极其艰苦的情况下，师生们心怀教育救国的信念，不仅教学活动热火朝天，还主动走进社会开展宣传、鼓舞士气，大力支援前线抗战，使得街头抗日演出、文学宣传、美术宣传、歌咏活动等如火如荼。到1946年，以国立社会教育学院、国立音乐院、民众教育馆等为主要力量，举办公演音乐会、话剧76场次，观众10万余人次。仅国立社会教育学院就在1941—1943年两年间举办美术展览20次，观众达6.4万人，民众人心得到极大鼓舞。

其间尤其值得一提的是创办于璧山的国立社会教育学院、国立音乐院，以及迁来璧山的国立艺术专科学校。

1938年，因社教人才缺乏急需培养，国民政府教育部在制定教育实施方案中，第十六案为“设立培植社会教育人员专科学校”。随之在1939年9月，行政院在第二期战时行政计划中确定了“筹设国立社会教育学院，培养社会教育高级人才，训练社会教育干部”。当年国防最高委员会确定筹设国立社会教育学院。1941年1月，国立社会教育学院筹备委员会正式成立，教育部社会教育司司长陈礼江为筹委会主任委员。陈礼江聘请国立音乐院国文教授兼总务主任甘豫源参与筹备，甘教授先后到江津白沙、江北县国立重庆商船专科学校寻找校舍，均无功而返。4月，得知璧山中学因日寇空袭迁乡下而空出校舍，陈礼江经多方协调，最后落实暂借被日寇轰炸得千疮百孔的壁山中学校舍办学，由筹委会修缮毁坏的房舍设施，并添置设备。筹委会到县城西边的云雾山买下几片山林，全由人力砍树、搬运，建房。8月初完成了维修工作，共耗资12万元。学院设教务、训导、总务三处，研究部及推广委员会。学院首期开设了社会教育行政学系、社会事业行政学系及图书博物馆学系三个系，旨在“培养社会教育行政及社会教育实际工作人员，培养社会事业、图博事业之专门人才”。同时开设了社会艺术教育与电化教育两专修科，招收新生200名。根据教育部令，江苏迁入桂林的江苏省立教育学院及由上海迁贵州的大厦大学教育学院社会教育系一、二、四年级学生并入。8月25日正式开学，就读学生270余人，教职员40余人。12月5日，教育部部长陈立夫到校委任陈礼江为院长。学院院训为：“人生以服务为目的，社会因教育而光明。”国立社会教育学院是当时唯一培养高级社会教育人才的高等学府，是我国教育史上高等教育从“小教育”即学校教育走向“大教育”即社会教育的开端。直到1945年抗战胜利，学校后续专业有：新闻学系、电化教育学系、国语专修科。学生共需完成20门全校共同必修课，161门各系科专业必修课，151门各系科专业选修课，采取理论与实践、课内与课外、校内与校外相结合的方式授课。特别是学院采用招收校外选读生、举办公开学术讲演的开放式办学，使“大教育”得到科学完整的体现，学生的眼界和能力得到极大提升。在壁山办学期间，应邀到院演讲的教育家、社会活动家、艺术家有郭沫若、黄炎培、晏阳初、陶行知、梁漱溟、叶圣陶、黄齐生、徐悲鸿等。抗战胜利后的1946年，学院迁往苏州，新生部设在南京，后发展成为现在的苏州大学。

1939年2月，为解决抗战大后方高等音乐教育问题和抗战对音乐人才的大量需求，鉴于上海国立音乐专科学校未能内迁的实际，国民政府决定建立国立音乐院，并迅即成立了筹备委员会，筹委会由顾毓琇、戴粹伦、应尚能、胡彦久等组成。8月，教育部指拨青木关民众教育馆馆长训练班用房为校址，为解决师资、生源问题，将国立艺术专科学校音乐系（组）师生及器材归并该院，共有学生90人，并将中央广播事业管理处的管弦乐团改为国立音乐院实验管弦乐团。在此基础上，11月1日，国立音乐院正式成立。学校成立之初，聘谢寿康为院长，但由于其尚在国外，由顾毓琇代理，应尚能为教务主任。1941年3月，学院改组，聘杨仲子代理，并于1942年1月正式聘其为院长，10月杨辞去院长职务，院务由陈立夫监理。1943年4月吴伯超代理院务，8月正式任院长。应尚能、李抱忱、陈田鹤先后任教务主任。学院以“整理我国音乐文化，介绍西洋音乐艺术，培养音乐专门人才及师资”为宗旨。该院为五年制专科学校，招收初中毕业或具有同等学历者。设国乐和西乐两系，国乐系分二胡和琵琶两组，而西乐系则分为键盘乐器组、管弦乐组、理论作曲组和声乐组。1945年5月，学院创设十年制幼年班，招收六至十二岁儿童，除学习普通科目外，专攻器乐演奏技术。全校共有教职员工50余人，为抗战期间全国最强的音乐师资阵容，他们当中既有在高校积累了丰富教学经验的老教师，也有刚刚迈出大学校门的青年才俊，如杨荫浏、陈田鹤、黄友葵、易开基、张洪岛、胡然、江定仙、陈振铎、曹安和、储师竹、蔡绍序、李俊昌、刘雪庵、刘北茂等。国立音乐院除开展学校教育外，还承担起了社会教育的重任。1941年开始，学院在暑假期间开办音乐教育人员训练班，接受培训的人员每期50余人，云、贵、川、陕、鄂、西康六省及重庆市内中学均积极派人参加。为积极宣传抗战团结力量，学校面向社会开展了大量的音乐演出活动，既有社会公益性的音乐会，也有教师音乐会、学生作品音乐会等。抗战胜利后，院迁往南京，中华人民共和国成立后组建为中央音乐学院。

1938年春，杭州艺专和北平艺专合并为国立艺术专科学校。1940年，在昆明呈贡安江村因为两校师生在艺术及管理上的分歧而出现教学上的混乱，罢课和驱逐教师事件时有发生。国民政府教育部决定聘请德高望重的吕凤子先生出任校长一职，而此时吕凤子先生正在璧山县城办正则蜀校，于是教育部部长陈立夫亲自上门延请。作为一个纯粹的艺术家，吕凤子提出了五个条件：“一是请部长先生给我兼任聘书，不要发委任状，即不要给简任官。二是学校要从昆明迁到璧山附近。三是学校用人和教书，教育部不要干涉。四是学校经费由我开支，教育部不要管。五是我不是国民党党员，赌咒许愿的事我不想做！”对于这些条件，陈立夫一一答应。1940年12月，国立艺专的师生们或乘车，或步行，先后抵达璧山县城，以天上宫作为校舍，当年招收新制专科2年制学生110名：中国画20人，西洋画20人，雕塑20人，应用美术30人，音乐20人。1941年3月，因天上宫校舍紧张，又有日军轰炸，再选址并搬迁到距城10公里的蒲元乡梯子岩办学，学生多达300余人。在璧山办学的日子里，生活是极其艰苦的，吴冠中在回忆录《走出象牙塔》对在璧山学习生活的情况是这样记载的："璧山县城里借的天上宫等房子不够用，便在青木关附近的松林岗盖了一批草顶木板墙教室，学生宿舍则设在山顶一个大碉堡里，上山下山数百级台阶，天天锻炼，身体倒好，就是总感到吃不饱。先是抢饭，添第二碗时饭桶里已空，每人都改用大碗，一碗解决。有人碗特大，满装着高如宝塔的饭，他坐下吃，你对面看不到他的脸。后来改为分饭的办法，以桌为单位平均分配，于是男同学极力拉女同学编为一桌，总还是感到饿和馋。"在璧山的日子虽是艰苦，但教学成效是显著的，国立艺专存续的11年里，被公认为最值得骄傲的三位学生吴冠中、赵无极、朱德群都是在壁山毕业的，他们后来均成为法兰西学院艺术院士，并称“法兰西三剑客”。随着抗战胜利，1946年，国立艺专中原杭州艺专部分迁回杭州西子湖畔原址，继续以国立艺专之名办学，逐步发展成为今天的中国美术学院；而原北平艺专部分则迁回北平，发展成为了今天的中央美术学院。

六、箪食壶浆，初心不改

我爱我们的壁山，我爱我们的家乡。
壁山美，秀丽好风光，
东山西山连云端，蜿蜒好比长城长。

冈陵起伏，溪水纵横，
郊原为锦绣，大地皆文章。
壁山富，遍地物产藏，
气候温和，民勤农桑，
煤产丰富，工业辉煌，
乡村与城市，随地机杼声当当。
我爱我们的壁山，我爱我们的家乡。
大家努力干，建设新壁山，
各把责任当，建设新家乡。
——1943年壁山乡土教材歌谣《爱我壁山》

战争是残酷的，但救亡图存的信念深植人心，战争磨炼了壁山人民的意志，争取胜利的决心坚定不移。正是看到国家因贫弱被欺凌和践踏，一大批有识之士和民众也在想方设法推动着国家的强盛社会的进步，并为此开展了大量有益的探索。在这方面，璧山在全国产生较大影响的有如华西实验区、璧山实验法院等。

近代以来，一大批有识之士对中国出路的探索不遗余力。其中，晏阳初对中国乡村发展就是其中一个显著的案例。针对广大中国农民普遍存在的“贫、愚、弱、私”即：“农村经济凋零、民不聊生，民众不懂科学、愚昧无知，国力衰弱，民众体弱，民众自私自利，一盘散沙”。晏阳初认为应当通过文艺教育、生计教育、卫生教育、公民教育四个方面对乡村进行改造，以增强农民的“生产力、知识力、健康力、团结力”。1923年，晏阳初在北京组建了中华平民教育促进会，1927年在河北定县开始了平民教育。1937年全面抗战爆发，日军攻占华北，由晏阳初领导的及其河北定县实验被迫南迁，1940年在重庆巴县歇马乡建立乡村建设育才学院，经四川省政府同意指定璧山县为实验县，实验从河边、青木、城南、来凤4乡开始，以后逐渐扩大到全县。1946年，与巴县合称为巴璧实验区，实验区范围扩大到江北、巴县、合川、江津、永川、铜梁、綦江、北碚7县1局。随后，四川省政府将第三行政督察区所辖的江北、合川、江津、铜梁、綦江、巴县、璧山、永川、大足、荣昌、北碚10县1局160多个乡镇纳入实验区范围，称华西实验区，总部在璧山县城仁和街，内设教育、卫生、农业、合作四个组和社会调查、编辑、会计、秘书四个室。各县及其以下设办事处、辅导区、社学区、传习处等。实验区的宗旨在于通过兴办教育、倡导卫生、扶持农业、发展实业等系列工作进行乡村改造，从而达到“开发人民的知识力、生产力、健康力、组织力”的目的。实验区工作一直持续到新中国成立，据统计，截至1949年，华西实验区有乡以上正式工作人员472人，社学区民教育主任1400人，传习处导生8000多人；有合作社789个，其中农业生产合作社699个，机织生产合作社86个，造纸生产合作社2个，运输合作社1个，美烟生产合作社1个，家畜保育站3个，繁殖农场11所，整染厂1个，合作纸厂1个。华西实验区在璧山开展工作的4年时间里，仅强制扫盲一项工作，就让近10万人脱盲，在启迪民智、培植民力、建立民主、改善民生四个方面为璧山做出了重大贡献，助推了璧山经济社会的发展。华西实验区为其后中国台湾，乃至东南亚、南美洲的乡村改造运动提供了宝贵的做法和经验，受到高度评价。晏阳初也因此被称为“国际贫民教育之父”。

1923年，《中华民国宪法》第九十七条规定“中华民国之司法权，由法院行之”。第一〇一条规定“法官独立审判，无论何人，不得干涉之”。然而在很长的一段时间里，这些规定并没有得到执行。1931年10月，璧山县法院成立后随即被撤掉，1937年5月年复设时，县长还兼任军法官，审理军法案件即烟毒、抢劫、兵役、汉奸等重大刑事案。1942年5月，国民政府司法部选定壁山为地方法院实验区以推动宪政。为达到让壁山实验地方法院的经验推广全国，使人人明了法治的目标，司法部派最高法院检察官孙希衍任院长、推事。在其后的司法审判实践中，壁山实验法院做了四个方面的工作：一是革新审判程序，向当事人发“讼诉须知”，司法（法警）亲送问事证、传票、判决书，不准雇人代送；二是民事审判当庭审理、辩论、宣判，强制执行；三是设立司法助理员，并进行法律培训考试，请党政、军、社教院领导讲授课程，提高司法助理业务、品德；四是建立公证、律师、调解组织，方便民众参与司法行为。经过改革司法审判工作取得较好效果：一是办案效率得到提高。如实验法院设立前收案1498件，仅结353件，结案率24%。实验法院设立后，收案1653件，已决案1337件，结案率81%。二是民众法律意识增强。如1943年，县政府整顿70多家茶馆，被取缔的40多家茶馆老板以“妨碍人行使权力”为由，向法院起诉县长曾锦柏，开创了民国时平民告县长之先例。三是司法组织建设加强。如实验法院成立前，县律师业务无管理机构，助长了讼棍敲诈勒索。1943年1月在县城成立璧山县律师公会，重庆律师公会常务理事沈钧儒也被选为璧山律师公会候补理事。律师公会实施了《平民法律扶助实施办法细则》，老百姓诉讼难、诉讼乱等问题有了一定程度的解决。

在日常的工作生活中，我们则可以透过历史的记忆，看到当时壁山人民以及来到壁山的外来人民对美好生活追求的场景。这里可举两个故事。

吴冠中在回忆录中记载了在壁山国立艺专求学期间的一件趣事：

> 在壁山，常见到着红衣的姑娘和儿童，那红色分外亮丽，特别美。突发灵感，我自己应做一件大红袍，天天披在身上，仿佛古代的状元郎。我已是将毕业的高年级学生，我们年级的同学大都爱狂妄，校领导惹不起我们。我向同班一位较富有的女同学借钱，她问我干什么，我说要做件大红袍，她问是紫红的吗？我说是朱红的，她笑了，立刻借给我足够的钱。我飞快到布店买了布，立刻进裁缝铺量体裁衣。裁缝师傅惊讶了，男人

能穿这样朱红的袍？他犹豫了，有点难色，不敢做，叫我去别家试试。我说我们下江人（四川人称长江下游上来的人为下江人或脚底下人）男人在家乡都穿红袍，女的只穿绿色，你尽管放心做。好说歹说加上谎言，师傅勉强答应收下了。

等到取衣的日期，我像看成绩单一样早早去取，衣已成，顺利地取回宿舍，速速穿上，同室同学赞不绝口，颇有点羡慕，问共花多少钱，似乎他们也想试试。正是晚饭时候了，大家一同到饭堂，满堂波动起来，欢迎红色英雄的出场，笑声掩盖了批评声，我自己觉得好看，全不在乎谁的褒贬，那借给我钱的女同学也很得意她成功的资助。

走到街上，情况大不相同，行人大都嗤之以鼻，骂太怪异，他们本来就讨厌下江人。一个星期后，训导长找我去谈话，说壁山警报亦多，你这红袍挤在跑警报的人群里，便成了日机的目标，警察必将你抓起来，所以万万穿不得，赶快染掉。我到洗染店将红袍染成黑袍，不知是洗染技术不高明呢还是那朱红色至死挣扎，竟染成了深褐，没有色彩倾向，显得邋遢，我只好穿着那邋遢的袍度过寒冬。

——《生命的画卷·吴冠中自述史》

程丽娜回忆在壁山国立艺专生活时描述：

松林岗艺专（即国立艺专，作者注），在一片农家很少的山区，教室和学生宿舍都是自搭的简陋木屋，教职员住处须自找。得知教员闵希文住处旁还有一间在猪圈上搭成的木棚，经介绍我们便去那里住下了。住处虽整天听猪叫，室内臭气冲天，却好在能和农民朝夕相处，能获知他们思想感情和愿望，这为开渠后来作的《工农之家》雕塑提供了素材。那段生活虽艰苦，回忆起来还是愉快的。

——程丽娜《我和开渠在抗日流亡中》

七、国之瑰宝，民族希望

在抗战最艰难的时期，让我们永远记住这些为了挽救民族危亡而来到璧山这片土地上奋斗和生活的先贤。

吕凤子（1886—1959年），江苏丹阳人，中国近现代著名画家，书法家和艺术教育家，职业教育的重要发轫者，江苏画派（新金陵画派）的先驱和最重要缔造者。1938年至1946

年在璧山期间，先后创办私立江苏省正则职业学校蜀校、私立正则艺术专科学校，并担任校长；先后兼任国立艺术专科学校校长、国立社会教育学院艺术系主任。在璧山期间，以其罗汉画和凤体书法取得了一生中艺术的最高成就，在中国美术史和美术教育史上留下了重要一页，被誉为中国美术界的“百年巨匠”。

陈礼江（1893—1984年），字逸民，江西九江人。著名教育家，社会活动家。1941年，作为国民政府教育部社会教育司司长，在璧山筹备并创办国立社会教育学院，并兼首任院长。在社会教育学院办学期间，顾颉刚、童润之、戴爱莲、刘雪庵、黄炎培、叶圣陶、陶行知、梁漱溟、晏阳初等大家到校任教或讲学，璧山一时成为中国社会教育的标杆和领航者。抗战胜利后搬迁至苏州办学，并与东吴大学之文理学院、苏南文化教育学院、江南大学之数理系合并，后更名为苏州大学。

晏阳初（1890—1990年），别名晏遇春，四川巴中人，中国平民教育家和乡村建设家，被誉为国际贫民教育之父。长期担任中华平民教育促进会总会总干事，1940年创办乡村教育育才院并在璧山设立实验区，1946年以璧山为总部设立包括10县1局的华西实验区，为民国时期的乡村建设事业做出了开创性的贡献，并深刻影响了中国台湾、东南亚、南美洲的乡村改造运动。

抗战期间，在璧山留下足迹的还有：1940

年周恩来到丁家为吴玉章长子吴震寰主持婚礼。1941年冯玉祥到丁家九江同文中学过60寿辰。1938年和1941年熊十力在壁山中学和来凤西寿寺讲授《新唯识论》。1940年，沈钧儒在壁山县城开办律师事务所。1941年梁漱溟在来凤创办私立勉仁中学。1940－1941年，伊莎白·科鲁克参加壁山兴隆场乡村建设实验项目，通过社会调查撰写出人类学著作《兴隆场》。等等。

行文至此，已是热浪滚滚的大暑节气，抗战岁月的壁山悲壮而热烈，作为后人，我们在愤慨于日寇罪行的同时，更应牢记抗战给我们留下的砥砺奋进、振兴中华的宝贵精神遗产。同时，也让我想起了当前壁山的一句城市宣传语：“来了就是璧山人。”璧山这块土地从秦汉时期开始至民国时期的抗日战争，漫长的历史进程中经过了数次大移民，从而形成了儒雅大气、兼容并包的璧山人气质。我惟愿这份气质能够秉承、融会抗战留给我们的坚忍不拔的宝贵精神遗产，在未来的征程中奋力开拓，去建设高质量发展样板区、打造高品质生活示范区。

祈愿我深爱的祖国永远和平安宁，人民永远幸福安康！

2021年7月19日完稿于梅隐山房南窗

政法军事

警　察

1914年，璧山复办警察事务，设警备队。1934年县政府设警佐1人，掌理警务。1935年11月，县政府设警佐室，辖城区警察所。1936年撤销县政府警佐室，成立县警察局。1940年裁撤县警察局，在县政府设警佐1人，管理警察行政。1941年恢复县政府警佐室。1944年撤县政府警佐室，复设县警察局。

档案编号833　　陈木，璧山警佐室警佐，本地人

陈木警佐

检 察

1931年10月1日，璧山县法院成立。此前，璧山县实行县知事、县长兼理司法体制。司法权、军法权、检察官的侦查起诉权都集中在县知事、县长手里。县法院成立后，设有县法院检察处，并委任有首席检察官、检察官和书记官。县政府军法室亦设有军法承审员帮办案件。1942年5月1日，县地方法院检察处改为县实验地方法院检察处。隶属司法行政部领导。1946年6月又恢复原名，直至璧山解放。

档案编号929　检察官谢肯

档案编号930　　首席检察官谢肯在看璧山本地的报纸

法 院

1931年10月以前，璧山县实行司法与行政合一，司法隶属于行政的封建审判体制，县知事公署设有民、刑两股（后改为承审处、司法科），协助县知事办理民、刑案件。1931年10月1日建立县法院后，审理一般民、刑案件。1937年10月1日，撤县法院改设县司法处。1939年9月10日，撤县司法处建县地方法院。1942年5月1日改县地方法院为县实验地方法院。1946年1月1日恢复县地方法院，直至璧山解放。

档案编号799　　法院刑事庭审理场景。在审判席上从左至右的是法庭书记官陈伯春、审判长李夏平、检察官蔡屏东。庭前站立的是被控抢劫的案犯

档案编号800　　法院刑事庭审理场景。在审判席上从左至右的是法庭书记官陈伯春、审判长李夏平、检察官蔡屏东，庭前站立的是被控抢劫的案犯，戴着白色领巾的人是辩护律师

档案编号801　　法院民事庭场景。审判席上从左至右是书记员许壁珠、审判长文雪淑

档案编号927　　李素清，52岁，法院院长

档案编号928　　李素清院长，璧山法院正致力于简化程序、加快审判的试验

档案编号932　李夏平，26岁，四川本地人，是壁山地方法院两名女法官之一

法官李夏平

军　事

1936年3月1日，国民政府颁布《兵役法》和《兵役法实施暂行条例》，规定男子年满18岁，翌年1月1日起至满45岁之年12月31日服役。并规定兵役分常备兵役和国民兵役两类。常备兵役分现役、正役、续役：现役3年，年龄20—35岁；正役6年，以现役期满退役者充任之；续役，以正役期满者充任之，年龄40岁以上。国民兵役分甲级和乙级两种，年龄为男子40—45岁，在服国民兵役期间，国家根据战争情况命令征集。据统计从1931—1945年璧山县征兵总数为23691人，其中21426人从军抗日，843名将士为国捐躯。

档案编号804　　报名参军（一）

在县长和军方的督导下，男人们在县政府报名参军。队列中，手臂上戴着鲜红布条的人，突出显示他们已经服过兵役。在接受为期两个月的基础训练之后，他们将回家等待军队的召唤

中国新闻社（Chinese News Service）提供。曾被（美国）战争新闻署（Office of War Information）用作中国抗战宣传

档案编号805　　报名参军（二）

档案编号807　县长曾锦柏，时任国民兵团团长，视察为期两个月基础课程训练结束的毕业班。从左至右：国民兵团副官、上尉王明德，县长，国民兵团副团长、少校李欢

档案编号808　　自卫队。这些空闲时受训的人是正规军遭受攻击时有益的补充

档案编号813　修建一座新桥代替在1940年被日本炸毁的老桥。新桥完全用石头砌成，横跨长江支流璧江，将小东门和汽车站连接起来。图为小东门桥被炸毁重建情景

档案编号874　军事训练课程结业的民兵们（一）

中国新闻社（CNS）提供

档案编号875　　军事训练课程结业的民兵们（二）

中国新闻社（CNS）提供

档案编号876　　军事训练课程结业的民兵们（三）

中国新闻社（CNS）提供

档案编号877　　军事训练课程结业的民兵们（四）

中国新闻社（CNS）提供

档案编号878　　军事训练课程结业的民兵们（五）

中国新闻社（CNS）提供

档案编号879　　军事训练课程结业的民兵们（六）

（突出位置的人其胸牌上清晰可见：左面是姓名：左慎五；右面分四行，第一行：璧山县国民兵团，第二行：第×区模范队，第三行：国民兵，第四行：民国三十二年十一月二十八日发）

中国新闻社（CNS）提供

档案编号880　　军事训练课程结业的民兵们（七）

（突出位置的人其胸牌上清晰可见：左面是姓名：何乃华；右面分四行，第一行：壁山县国民兵团，第二行：第×区模范队，第三行：国民兵，第四行：民国三十二年十一月二十八日发）

中国新闻社（CNS）提供。曾被（美国）战争新闻署（OWI）用作中国抗战宣传

档案编号881　　军事训练课程结业的民兵们（八）

档案编号882　军事训练课程结业的民兵们（九）

中国新闻社（CNS）提供

生产劳动

农业生产

抗战时期，璧山县除公学产田（1944年仅仅占4342亩）外，绝大部分土地为地主占有。至1951年土地改革前，全县耕地636123亩，占人口7.75%的地主、富农拥有耕地318864亩，占总耕地面积的50.13%。无地或少地的农民不得不向地主、富农租地耕种。因此租地农民不得不交地租。由于没有动力机具，农民全靠犁、耙、锄等传统工具，以及少量的畜力进行农业生产，再加上自然灾害，农业生产水平很低。

档案编号933　　陈姓农民在秧地里耙田

中国新闻社（CNS）提供。曾被（美国）战争新闻署（OWI）用作中国抗战宣传

纺 织

据《四川近代工业史》（张学君、张莉红著，四川人民出版社，1990年版）统计，抗战前四川省有纺织企业109家，其中璧山县13家。能织出各种花洋缎、花线呢、光电布、爱国布等，成为时髦畅销货，闻名全省，被誉为“璧山花布”。抗战爆发后，璧山县为国民政府军服编织基地，纺织业承织军布，年产布匹占四川省产量1/4强，“璧山花布”也不断翻新达300多种，2000多个花色以上。全县有织机2万余台，厂户5000余家，男女织工5万余人。

档案编号908　　陈玉书，一个富裕的农民，他的土地在县城一英里范围内。他和儿子们耕种土地，并在家里自有的4台织布机上劳作。他妻子和儿媳们为织布机纺棉线

中国新闻署（CNS）提供

档案编号810　　陈玉书的一个儿子在织布。突出位置的织布机空闲着，因他另一个儿子正在地里劳作

曾被（美国）战争新闻署（OWI）用作中国抗战宣传

档案编号811　　运转中的脚踏织布机

曾被（美国）战争新闻署（OWI）用作中国抗战宣传

档案编号885　　送成品棉布到政府分配的仓库

档案编号897　　壁山的一些家庭染布。图片展示的是在长竹竿上晾晒印染好的布

曾被（美国）战争新闻署（OWI）用作中国抗战宣传

档案编号911　　为织布的经线准备棉线

档案编号912　（用手工纺车）纺纱到线轴的老方法仍在使用

曾被（美国）战争新闻署（OWI）用作中国抗战宣传

粮食加工

民国时期，除城关有“七一”“四五”两家私营打米厂外，璧山其他地区全靠磨、筛等工具进行人力加工粮食。

碾　米

服装生产

民国时期璧山的裁缝大多是个体从业者，主要从事上门加工服务，只有县城和较大场镇的少数裁缝有固定店铺，接受来料加工。20世纪30年代，璧山开始使用缝纫机。随着抗日时期国民政府军训部等设在璧山，县城私人定制服装的店铺也逐渐增多。

档案编号771　　位于东街的李成新的裁缝铺。在这里他为壁山居民制作棉衬服装。左边是他的帮工齐家春

档案编号896　　李成新在自己东街的裁缝铺做衣服

制鞋业

壁山解放前，壁山县城和较大乡镇都有鞋铺。产品有烟熏黄牛皮底、水牛皮底、白胶底和布底的布鞋。

档案编号776　　北街周文新店铺内的单人制鞋作坊（一）

中国新闻社（CNS）提供。曾被（美国）战争新闻署（OWI）用作中国抗战宣传

北街周文新店铺内的单人制鞋作坊（二）

档案编号916　　周文新，北街鞋店老板

竹、藤、草编

民国时期，竹、藤、草编行业多为农民兼营，自编自卖，以补贴家用，未形成作坊性生产。而壁山城里有专门的竹器制作小作坊，生产凉板、竹椅、竹席、竹凳、背篓、蒸笼等。

档案编号777　　何平勋在自己的竹器店里和帮工一起干活。何平勋，39岁，制作各种各样的家用和办公用竹器。他的小店铺在东门附近

中国新闻社（CNS）提供。曾被（美国）战争新闻署（OWI）用作中国抗战宣传

档案编号892　　何平勋在自己的店里制作竹凉板

何平勋劳作的双手

字画装裱

民国时期，县城就有茶馆、旅馆、照相馆、理发店、浴室、洗染店、字画装裱店等服务行业。抗战时期，随着国民政府军训部、教育部、国立艺术专科学校，以及国立社会教育学院、国立音乐院、正则艺术专科学校等部门、学校的迁入或创立，字画装裱业日益兴盛。

档案编号773　　张春城的卷轴艺术装裱店，他的两个帮工正在裱糊中国家庭和店铺都流行的卷轴字画

生　活

广大民众为抗战节衣缩食、捐衣捐粮、辛苦劳作，作出了巨大的贡献与牺牲。在青壮年积极抗日参军、人力奇缺的情况下，出动18900多人次、用血肉之躯三次修建白市驿军用机场；捐募6万余件寒衣支援前线部队；大量交公粮（众多党、政、军、学校迁入或新建于璧山，使人口新增6万左右，每年要多消费20万石粮食，加之四川调往湘黔桂的过境大军，如1942年一九六师过境、1944年九十八军第九师过境，都要在璧山整编，应急的军粮马料，都要璧山供应)，加之政府号召捐军粮，从1941年至1945年五年内，共向民间征收和征借黄谷350250石；从1937年至1944年间，上级分配给璧山发行的各种公债达4204万元，实际完成2800万元。璧山人民生活艰辛，但是团结一心、共赴国难之精神高涨。

档案编号762　走在田埂小路上的农民带着货物去集市

中国新闻社（CNS）提供

档案编号763　　南门外街景（一）

曾被（美国）战争新闻署（OWI）用作中国抗战宣传

档案编号765　　南门外街景（二）

南门外街景（三）

档案编号774　　正如西半球所有城市一样，孩子们常常光顾糖果铺

档案编号775　　孩子们喜欢光顾楚福平家的糖果铺。这家店铺位于北街

档案编号794　　热闹非凡的茶馆（一）

通常白天至深夜，街边的茶馆都热闹非凡。这些茶馆是城里男人们聚会的场所和闲聊的中心

档案编号795　　热闹非凡的茶馆（二）

档案编号798　　茶馆说书人在为老主顾说书

档案编号819　　妇女们在璧江岸边洗衣服（一）

档案编号820　妇女们在壁江岸边洗衣服（二）

档案编号831　　城中广场市民们在看政府布告

中国新闻社（CNS）提供

档案编号842　在米市街的大米市场买米

中国新闻社（CNS）提供

档案编号843　米市街的大米市场（一）

中国新闻社（CNS）提供。曾被（美国）战争新闻署（OWI）用作中国抗战宣传

档案编号844　　米市街的大米市场（二）

档案编号845　　城中公园的棋赛（中国象棋看起来像西洋跳棋，但是玩法却不同）

档案编号846　顾客在东街的这家店铺选购美食，该店售卖的有被烟熏得油亮的鸡、鸭和兔肉

中国新闻社（CNS）提供

档案编号847　选购美食

中国新闻社（CNS）提供。曾被（美国）战争新闻署（OWI）用作中国抗战宣传

档案编号848　在东街的一家店铺里卖被烟熏得油亮的鸡、鸭和兔肉

中国新闻社（CNS）提供

档案编号855　　壁山赶场天（一）

中国新闻社（CNS）提供。曾被（美国）战争新闻署（OWI）用作中国抗战宣传

档案编号859　　壁山赶场天（二）

中国新闻社（CNS）提供。曾被（美国）战争新闻署（OWI）用作中国抗战宣传

壁山赶场天（三）

璧山赶场天（四）

壁山赶场天（五）

壁山赶场天（六）

壁山赶场天（七）

壁山赶场天（八）

壁山赶场天（九）

档案编号860　壁山赶场天。这位穿着白袍、裹着白头帕的男子正在服丧，这是服丧的人在葬礼期间的典型装束

中国新闻社（CNS）提供。曾被（美国）战争新闻署（OWI）用作中国抗战宣传

档案编号862　　男孩牵着几只山羊进城售卖

档案编号864　　顾客们在城中的一个小服装店购物

档案编号865　　东街上的一个小食品商店

档案编号867　　城中公园的算命先生蒋忠益，在给王国臣算命。王国臣想知道是否该去别的城市找个好点的工作，算命先生指点迷津，叫他“西行谋生”

档案编号884　　孩子们在北门外的公共操场玩弹珠游戏

档案编号886　　赶场天农民带来自家产品去壁山集市上售卖

档案编号894　　东门附近连片的竹器店（一）

档案编号895　　东门附近连片的竹器店（二）

学习教育

璧山在抗战前期，基础教育薄弱，主要以私塾为主，1935年全县共有私塾388所，学生5636人。随着抗战的深入，1939年国民政府教育部迁驻璧山青木关乡后推行国民教育制度，全县设立34所中心小学，乡保国民小学209所，私立小学2所，在校学生20577人。为躲避战乱，私立江苏正则蜀校、私立九江同文中学、私立淑德女子中学、私立建川中学等迁入璧山，打破全县只有一所中学的局面。

1940年国立艺术专科学校、1944年交通大学贵州分校迁入，以及1940年国立音乐院、1941年国立社会教育学院、1942年正则艺术专科学校先后创立，璧山的教育事业兴盛起来。

档案编号778　淑德女子中学的考试日（一）

档案编号779　　淑德女子中学的考试日（二）

档案编号780　淑德女子中学的学生们在看墙报（一）

档案编号781　　淑德女子中学的学生们在看墙报（二）

档案编号782　　城东乡第九保国民学校的孩子们下午放学了

档案编号784　国立社会教育学院的女生们在食堂就餐，该校是男女同校的

档案编号787　　国立社会教育学院男女生间的一场篮球比赛（一）

档案编号788　　国立社会教育学院男女生间的一场篮球比赛（二）

档案编号792　一支民乐乐队在学院排练，这支乐队是由国立社会教育学院的大学生组成的

档案编号836　　清晨，国立社会教育学院的女生在做早操

档案编号918　　陈礼江先生，国立社会教育学院院长。这所大学培养教师，将来管理孩子和成人的教育，使得市民们在抗战后进行选举时，能够过文字关

档案编号789　　男子中学的成人夜校班

（注：黑板上有欢迎Mr.安烈生字样。Mr.安烈生正是照片拍摄者）

档案编号803　　童子军演练急救法

档案编号920　周瑛书，11岁的童子军

档案编号921　　胡勤宇，10岁的童子军

档案编号830　　一位男学生在老式的油灯下学习，壁山不通电

居 民

档案编号898　　上课前，（城东乡第九保国民学校的）学生们在操场上玩游戏（一）

档案编号900　上课前，（城东乡第九保国民学校的）学生们在操场上玩游戏（二）

档案编号901　　孩子就读于壁山近郊这所小学的农民们，抓鸡给老师以助学

档案编号905　（城东乡第九保国民学校的）孩子们立正，升国旗、唱国歌（一）

档案编号902　升国旗（二）

中国新闻社（CNS）提供。曾被（美国）战争新闻署（OWI）用作中国抗战宣传

档案编号903　　升国旗（三）

城东乡第九保国民学校的孩子们

档案编号906　　老师打上课铃了，孩子们鱼贯而入

风 物

城 垣

早在唐宋时，县城四周筑土城墙。明成化十九年（1483年），改砌石城墙，建门四道，东曰迎恩门，南曰拱秀门，西曰临高门，北曰演武门。各门上建城楼。明末增设小东门，清乾隆三十五年（1770年）重修县城，将城墙增高1米后墙高6米，基宽4米，墙顶宽3.7米；周长1542米，城墙上建垛口1232个。

档案编号838　　西门——临高门城墙（一）

档案编号839　西门——临高门城墙（二）

档案编号841　南门——拱秀门

官 署

明末县衙坐北朝南修建。清初璧山县衙废。雍正十年（1732年）重建县衙，改为坐西朝东。璧山解放后，旧县署仍作县人民政府驻地。

档案编号866　　在城中心的县政府

街　道

璧山县城旧城区街道，在明成化年间，已形成“三街六巷”。清乾隆三十五年（1770年）重修县城时，扩大街区。1929年街道进行过一次整改。主街拓宽为6米，两边阶檐坎各宽1.3米；二等街拓宽为4米，两边阶檐坎各宽1米。民国年间，城内定有名称的街道共18条，以县府街为中心，向南经人和街、大东街到南门口有正南街；向北到小东门口有小东门街，到北门口有二牌坊街和正北街，与正北街交叉向西有十字街、正西街；向东有朝阳街。从北门口至南门口各街之间有12个转角相接构成一条曲折的南北向大街，长1260米，为县城主要闹市区。

档案编号767　城墙内的北街

档案编号769　城中心的东街

档案编号871　　通向南门的南街街景（一）

档案编号872　　通向南门的南街街景（二）

档案编号873　　通向南门的南街街景（三）

城外，小东门对岸有外东街。1932年和1934年，在成渝、绵璧两公路与外东街口交会点设车站。以车站为中心，沿公路建房向南、北、西三面发展形成璧永路、交通路和璧铜路三条公路街道。

档案编号760　　位于城墙外三岔路口的汽车站（一）。正前方高耸的碑是抗战阵亡将士纪念碑

（注：抗战阵亡将士纪念碑于1940年在县城车站成渝、绵壁公路交会处建立，由正则艺专校长吕凤子题写碑名。1946年，壁山县各界人士为纪念抗日战争胜利，请邓子琴先生撰写了《抗战胜利纪念碑铭》）

档案编号761　位于城墙外三岔路口的汽车站（二）

曾被（美国）战争新闻署（OWI）用作中国抗战宣传

位于城墙外三岔路口的汽车站（三）

人 物

壁山钟灵毓秀，古代有“抗疏贤臣”冯时行，“史志良才”江朝宗；近代有走出国门寻求救亡图存之道的反法西斯战士谢唯进，红岩英烈白深富、周成铭；当代有抗美援朝爆破英雄黄家富等，可谓人杰地灵。而抗战时期，周恩来、冯玉祥、张治中、郭沫若、许德珩、晏阳初、吕凤子、梁漱溟、黄炎培、黄齐生、潘天寿、戴爱莲等名人名士来壁山进行抗战活动或在壁山工作、生活，给处在水深火热中的壁山民众带来光明和希望。

1943年冬于璧山的吕凤子先生

档案编号806　　县长曾锦柏，能干的管理者，想从摄影师那里得到改善城镇的建议

档案编号815　　县长曾锦柏，49岁，能干、亲切但不失威严。县里的县长都由（国民）中央政府任命，然而抗战后官员将由选举产生。曾先生在壁山已经任职八个月了，这是他担任的第四个县的县长

档案编号825　为谈事情，县长曾锦柏站在廖春明的商店前。后者的小店在城中心的县政府附近

县长曾锦柏

档案编号821　　蒲林鹏，道士

档案编号824　　道士陈吉建

陈吉建，道士

档案编号835　　常新华医生，33岁，壁山保健所所长

档案编号908　陈玉书（一）

档案编号908　　陈玉书（二）

档案编号924　　商会理事长郭德宣，51岁，是当地的煤炭经销商

档案编号925　　陈雪樵，61岁，参议会议长

曾被（美国）战争新闻署（OWI）用作中国抗战宣传

档案编号926　　陈雪樵

算命先生蒋忠益

璧山抗战历史照片归来记

傅应明[①]

一

2011年12月3日，在重庆大剧院“国家记忆——美国国家档案馆二战中缅印战场解密影像展·重庆展”开展。大约是5日，该展策

① 傅应明，男，1964年出生，重庆璧山人。重庆市璧山区政协文化文史学习委原主任，一级调研员。中国书法家协会会员。重庆市书法家协会学术委员、重庆市作家协会会员、重庆市地方志专家库专家、西南大学中国乡村建设学院特约研究员，重庆市璧山区文学艺术联合会副主席。

划人之一、滇缅抗战史研究专家戈叔亚先生，带着史迪威将军外孙约翰·伊斯特布鲁克先生（John Easterbrook）一行来到璧山，与我取得了联系。戈叔亚先生告诉我：他们在筹备展览过程中，发现有上百张照片标注为“Pishan”，高度怀疑应该是“璧山”，因此想来求证一下。他还带来用A4纸打印的23张照片。我找来陈安乐、苏后来等人，在璧山文庙一起看这些照片，大家一致认定就是璧山老照片。其中，有一张板鸭店的照片，苏后来认定照片上的那位老板就是今天“罗板鸭”的爷爷。还有一张糖果店的照片，苏后来认定就是以前北街的某家铺子。其他的街景照片，我们都能认定它是老县城的某地某景。这样就把戈叔亚先生的疑虑给解决了。

中午，我以县档案局的名义，在文风桥东侧的“水八碗”餐厅接待戈叔亚先生一行。席间，他建议璧山能与照片拥有方合作整理这批历史照片。他的设想是，由照片拥有方提供电子文档，璧山方面负责组织解读照片的内容，在此基础上再共同商议如何利用好这批照片。随行的约翰·伊斯特布鲁克先生表示赞同这个建议，我也深表赞同。并约定就在那个周日(9日)，趁戈叔亚先生举办讲座的机会，到重庆大剧院见面，与照片拥有方做进一步的交流沟通。

12月9日，我约胡正好一道去重庆大剧院观看了“国家记忆”展览，匆忙中戈叔亚先生遗憾地告诉我们，目前跟照片拥有方还没有完全谈好，此事只能以后再说。

2012年元旦节，非常高兴地收到戈叔亚先生的电子邮件。他说：璧山一别又是半月。在璧山感觉和你们谈得非常好！现在不知道那些照片（指他用A4纸打印的那23张照片）对照得怎么样？他和照片拥有者章东磐先生专门谈过，章先生认为大家一起来做一些宣传照片的工作。章先生是搞策划的，有自己的想法。并建议：首先是你们对照的工作搞一搞，然后思考一个宣传的办法，或者是直接和章先生联系一下。他认为，直截了当问一问章先生下一步怎么办也是一个办法。

此后，因我的精力主要转移到筹备举办晏

阳初华西实验区档案展览，这批壁山历史照片的追踪也就被搁置下来了。

二

2016年11月2日，我们在重庆市政协机关一楼大厅，举办“和美璧山·市政协书画摄影系列展之三十三”。当天，璧山区章勇武区长和区政协向邦俊主席、杨靖副主席陪同市政协徐敬业主席等领导观展。

回璧山的路上，章勇武区长对我讲，你现在到政协做文史工作了，应该在收集璧山历史原始资料方面多下功夫。他说，我知道收集历史原始资料是需要花钱的，以前条件有限，现在具备了一定的条件，可以给予一定的支持了，我来给你做“后盾”。当时，杨靖副主席也要求我下来后认真抓好落实。这又重新点燃了我追踪壁山抗战历史照片的热情。

2017年3月，我们将“抗战期间壁山珍贵历史照片”列入当年壁山文史线索调查重点项目之首，并确定由区委党史研究室、区委宣传部（文旅融合办）、区政协学习及文史委具体负责开展工作。3月23日，区政协张正刚副主席主持召开《壁山文史线索调查方案》界别协商会，广泛听取了区政协文化艺术界别、侨联界别、无党派人士界别委员的意见，并与区委宣传部、区委党史研究室、区档案局、文管所、图书馆、收藏家协会进行认真协商。

3月31日，章勇武区长对区政协办公室关于呈送2017年璧山文史线索调查方案的函作出批示：“这是好事，继续推进。请献强同志从经费上予以支持。”4月1日，张献强常务副区长批示：“请财政在经费上予以必要支持。”

三

2017年6月1日，我给戈叔亚先生发送短信，告诉他：经过多次争取，目前区主要领导已同意将璧山抗战历史照片一事列为议事日程。并确定由区委党史研究室牵头，区委宣传部常务副部长胡正好、区政协学习文史委主任傅应明参与，负责联系办理此项工作。但此事应从何着手，敬请戈先生给予指导和帮助！戈叔亚先生很快回复说：“傅先生，您好，我在工作。一会儿回家和您联系。现在大致说一说，我有‘国家记忆’照片小样，包括全部璧山照片。但是和谁合作要思考。我没有这些照片的使用权，不过我给你联系。”

6月2日上午，戈叔亚先生给我发来信息：“傅主任，我和晏欢先生联系了。他是到美国收集这些照片的负责人之一，也是照片在各地展览会策划人。他认为原则没有什么大的问题，你们需要和他谈，刚才他在机场，一会儿他同意后，我把他的电话给您。”在这条信息末尾他还很高兴地补充道：“哈哈，我也是政协文史委顾问，昆明市政协。我们是同事。”

紧接着戈叔亚先生又发来信息，告诉我他与晏欢先生联系的有关情况。他说：“自从几年前在重庆见面后，傅主任一直想着这个事情，我非常惊讶。这样非常好！我常常在我的电脑看到你们璧山的照片，璧山的照片除了军事，最关键是普通老百姓、市井文化，甚至也包括一些官员、老师、商人、市民的照片，可以说把那个时期一个地方的各个方面的情况都介绍了。除了璧山，其他任何地方没有，我们昆明也没有的。不在璧山展览绝对可惜！当然我仅仅只有小样，要公开使用要晏欢认可才行。现在他基本认可。”我回复戈叔亚先生：“好！待与晏欢老师联系上后，拟在你们方便的时候邀请来璧山，或我们来拜访。”戈叔亚先生又告诉我："傅主任，晏欢刚刚下飞机，一会儿他会和您直接联系。"就在当天下午，晏欢先生在机场与我进行了沟通，我告诉他：麻烦他就展览、影像馆的事儿，先做一个初步的策划意见以及经费测算，以便我们向领导请示沟通。

6月4日晚上，戈叔亚先生告诉我照片方面的事情，"您和晏欢先生谈就行了。晏欢就是直接负责这个事情的人了"。我说："待事情有一定眉目了，我们正式邀请您和晏欢老师到壁山具体指导。"

6月5日，我收到了晏欢先生的电子邮件：

尊敬的傅应明先生：您好！

谨此就美国国家档案馆收藏的壁山抗战历史图片落户壁山之事宜做出回复。

一、壁山抗战照片

2010年我们团队从美国国家档案馆复制回来的23000多幅中国抗战照片中，有大约120张左右直接标注的是Pishan（即壁山）所拍，时间估计在1942—1943年左右，由美国记者所拍，背面标注全英文，其内容包括：

（一）军队预备队总动员、训练的场面（亦有可能是黄埔军校壁山分校的学员），壁山男丁报名登记参加预备役部队、接受基本军事训练的场景。

（二）壁山中小学生抗战时期的一些生活学习场景。

（三）战时壁山各界人物肖像特写（包括有政、商、法、警、师等）。

（四）战时壁山市井生活（集市、店铺、手艺人、民众文化生活等）以及一些地标建筑物、地貌风物（城门、县政府、学校、商业街道等)。

二、建议作为展览出版之用途

首先，壁山照片在我们的著名大型抗战图片巡回展览《国家记忆》内容中极少被展出过，在我们出版的大型图册《国家记忆》一、二卷中，也只是选过两三张少年兵的照片亮相，因此绝大部分尚未公开过。

建议考虑举办一个图片展览，主题可以是《壁山的抗战记忆》或《抗战中的壁山》等等，结合壁山自己的档案馆里藏有的照片（如有），再加上我们手头的同时期重庆以及周边的图片（主要选择战时后方民众生活主题），倚仗我们强大的高清图片（可以放大到墙面这么大）和举办《国家记忆》巡回展的经验，有机会办成一个壁山历史上从未有过的自己的历史图片展览。

展览结束后，可以考虑将这批珍贵的

壁山历史影像永久收存在壁山自己筹备中的影像馆中。

整个展览的内容亦可以编著一本内容丰富、图文并茂的大型图册《壁山记忆》或者其他什么书名。

三、策展人的工作

本人晏欢，独立策展人，《国家记忆》策展人，《国家记忆》大型图册主编及翻译，愿意携手中国最著名的抗战历史学者、独立策展人、《国家记忆》策展人以及纪录片策划人戈叔亚先生，为把这些从外国搬回家的壁山及重庆抗战图片展示给壁山人，留下壁山记忆而做一次策展，我们可以负责进行以下工作：

（一）整理翻译原始图片，并且进行有限度的解读，编辑成为几个部分来进行展出；

（二）提供小样图片供壁山方面审阅，

然后提供照片原片（大像素的扫描件），有偿提供给壁山影像馆收藏；

（三）和壁山历史专家一起，为图册出版印刷做一切必要的编辑工作；

（四）配合相关传媒，对于此次展览进行报道推广宣传，邀请相关嘉宾出席展览开幕仪式，并且把该展览与我们的著名品牌展览《国家记忆》相关联，成为《国家记忆》展览的一个延展展览（或专题展览）。

进行上述工作及提供资料（原版照片），我们需要壁山准备一个预算，其中包括我们策展人的顾问费用和资料费用，并且提供我们两人应邀来往壁山—昆明、壁山—深圳的交通食宿。

以上计划非常粗浅，仅仅是我本人与傅先生初次电话商谈后的第一时间的想法，有待双方进一步细化和具体化，在正式进行这个项目之前，我们双方应就此签署一份工作协议。

谢谢傅先生主动联络我们，期待您与领导商量的结果。

晏欢2017年6月5日于深圳

接着，我和戈叔亚先生还就这批照片将来如何用的问题，进行了交流。戈叔亚先生说："这些照片出书可以出许多的。按照专题出。如果在你们这里出，有一个什么想法?"我说："可考虑以壁山政协文史资料专辑的名义出。"戈叔亚先生讲："你们拿到照片小样后，我觉得如果在照片上下些功夫，比如找照片的人(家人)、商店、街道、乡村，新老照片在同一个地方拍摄进行对比，看看有什么变化，等等。这些方法也许会引发当地人民的兴趣，这样会更好。”我很赞同他的想法，说：“对，这就做出深度了！而且也有这个条件。”戈叔亚先生告诉我：“如果多做一点这样的工作，展览的效果就大不一样。照片中许多人是美国记者专门为他们拍摄照片的，也有一些说明，如果能找到家人，对照片上的人和现在的家庭有些对照，效果也是非常好。这样对领导和投资者也是一个鼓舞。”就在那天下午，刚好向邦俊主席来到我们文史委办公室，我便向他汇报了编印出版抗战历史照片文史资料专辑的想法，他表示非常支持！晚上，我把这个情况告诉戈叔亚先生，他很感慨：“啊，我们昆明市政府文史馆最近在做手机版昆明抗战资料，天天跑昆明所属各区县市政协文史委，就是查阅文史资料选辑。”

6月6日一早，戈叔亚先生又发来信息：“其实我倒觉得你们可以和晏欢好好设计，和出版商联系，首先按照商业方式出版，然后再在文史委出版文史资料选辑。”

6月12日，戈叔亚先生再次发来信息说：“傅先生，您好，我和晏欢讨论过，璧山照片是有些特殊的，这批璧山照片可能不是美国照相部队拍摄的，而可能是专业摄影师拍摄的。大量是璧山上至官员、商人（好像也有法院法官、教授先生），下至老百姓的个人照片，还有许多是璧山的街道。而当时地位很重要的重庆和昆明，并没有这样的照片。晏欢认为，这些照片也许是当时为了一个什么事情举行图片展览而拍摄的。所以，您说的‘实验县’，甚至那些‘实验单位’就比较重要了。我觉得，这些照片的主人，在这些‘实验’的单位寻找是可能的，比如找到他们的后人。所以，傅老师能否请人关注一下这些档案资料，这是作为图片展览的背景资料。在昆明展览图片时，一张老百姓的照片被后人认出，反响非常好。”

至此，通过沟通总算是理清了这件事情如何着手的一些基本思路。

四

接到晏欢先生的回复邮件后，我立即将有关情况报告了向邦俊主席。6月8日，他做出批示："请应明同志同宣传、文化等部门的同志协商提出意见建议。并同张主席一同研究后，在主席会议上作一通报。再将意见报书记、区长。我个人觉得晏欢先生提出的意见是可以考虑的。"根据向邦俊主席的批示，6月8日下午，区政协张正刚副主席召集区委宣传部胡正好、区委党史研究室黄文斌、区政协学习文史委傅应明、柯昌蜀进行了协商，形成初步建议意见，并于6月26日向区政协十届五次主席会议做了通报。

6月27日，我们以区政协学习文史委名义向章勇武区长呈送了《关于"壁山抗战历史照片"重点文史线索调查进展情况的报告》。7月6日，章勇武区长批示："此事有意义，拟同意请示事项。当否，请书记示。”7月12日，区委书记吴道藩批示“同意”。

7月17日，晏欢先生传来璧山策展和资料协议草稿。7月28日，区委党史研究室在此基础上起草了《重庆市璧山区关于征集抗战时期历史资料及展陈出版（合作）协议书》。7月31日，晏欢先生对璧山返回稿进行了修改，形成了《关于璧山抗战历史照片提供及其整理利用的工作协议》。

8月16日，晏欢和戈叔亚应邀来到璧山。当天下午，在区委党史研究室会议室，晏欢先生以投影方式详细介绍了璧山抗战历史照片的情况。这批照片中，明确标注有“Pishan”的约120张，其他疑似者约30张。当天，区委常委、宣传部部长李丹听取了介绍，胡正好、傅应明、刘顺英、侯咏梅、胡金国、印林等人一同参加。第二天，区委党史研究室与晏欢、戈叔亚完成了协议的签订。此后，双方严格履行协议的各项约定，终于实现了这批璧山抗战历史照片的胜利回归！

（2021年6月2日完稿于璧山区政协）

附　录

《展望》(LOOK) 杂志 (1937–1971) 由考尔斯 (Gardner Mike Cowles) 创办，半月刊，是当时美国发行量仅次于《生活》(LIFE) 的图片杂志。该杂志以通过超大尺寸图片来阐述故事的风格而著名，发刊期间一共刊登了超过18万张照片，大多数照片具有鲜明的时代色彩，被称为读图时代的先驱。

为对外尤其是对美国进行中国积极抗战的宣传，1938年国民政府成立国际宣传处，直接或间接雇佣了一大批美国新闻从业人员，在美国国内编发中国积极抗战的新闻，或是直接前往中国进行采访报道。而璧山由于70余个军政、文教、金融、卫生等单位的迁入，成为重庆战时的卫星城，同时也是国民政府司法、卫生、农业、国民教育实验区，社会、经济、文化都得到发展，使璧山由一个名不见经传的乙等县跃升为全国甲等县。国民政府为展示璧山建成模范县的成果，以供外国友人参观和全国效仿，于1943年底至1944年初，邀请美国摄影师乔治·安烈生（George Alexan - derson）到璧山拍摄了这组照片。

《展望》杂志刊载璧山内容译稿

This is the bustle of market day in Pishan, China. Turned to the camera are a few of the 350,000,000 faces which go to make up the face of the Chinese nation.

上图：中国璧山喧闹的赶场天。望着镜头的脸是中华民族三亿五千万张面孔的缩影

HOMETOWN, CHINA

The last two issues of LOOK began a continuing project: the study of a typical American "Hometown," Glens Falls, N. Y. This study brings down to a single focus the problems common to all America in wartime—and in the coming transition to peace.

But, just as ours is not the only country in the world, so Glens Falls is but one of thousands of Hometowns scattered over the face of the globe. Each is a unit, with its own interests and concerns; each shares with the others the suffering of war, the striving for a better, more secure future.

Pishan, China, is such a Hometown. Its name, which means "Jade Mountain," is fanciful, even bizarre, to American ears. Its people are alien to American eyes. Its traditions and customs seem as foreign to ours as bird's-nest soup is to ham and eggs.

But the residents of this upland market town are basically no different from those of Bangor, Me., or Santa Monica, Cal., or Glens Falls, N. Y. They feel the same emotions, the same needs. They are true to their friends, harsh to their enemies.

Americans will do well to understand Pishan. For its future, and that of China, are inevitably and closely linked to our own.

LOOK's April 4 issue carried the first "Hometown" story.

CONTINUED ON NEXT PAGE 21

中国故乡

《展望》最后两期开始一个持续项目：对一个典型的美国“故乡”——纽约的格伦斯福尔斯的研究。这项研究把在战时和即将到来的和平过渡时期美国人共有的诸多问题减少为一个焦点。

然而，正如我们国家不是世界唯一一样，格伦斯福尔斯只是成千上万个分散在地球表面的故乡之一。每个故乡就是一个单位，有着自己的利益和关切；每个故乡彼此之间分担战争的苦难，共同为更美好、更安全的未来而奋斗。

中国璧山，就是这样的一个故乡。意为“璧玉山”的名字，美国人听起来稀奇甚至是怪诞的。璧山人在美国人眼里也是陌生的。璧山的风俗习惯看起来与我们的大相径庭，就像燕窝羹与火腿煎蛋一样。

但是这个山地集镇的居民们基本上与那些缅因州的班戈、加利福尼亚的圣塔莫尼卡、或是纽约的格伦斯福尔斯的居民没有什么不同。他们有着同样的情感，同样的需求。他们真诚地对待朋友，无情地对待敌人。

美国人会明智地了解璧山。因为它的将来，以及中国的将来必然与我们的城镇密切相连。

HOMETOWN, CHINA ...continued

Footpower brings the laden farmers of Pishan County to town on market day. Lacking roads, they cross the rice paddies on raised flagstone paths. As a trading center, Pishan is typical: over three fourths of all Chinese are farmers, and similar market towns dot the country from the Great Wall to Indo-China.

A community of shopkeepers, Pishan lives by

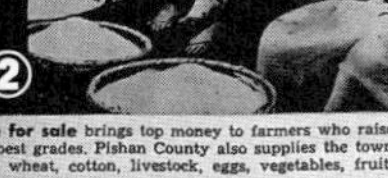

Rice for sale brings top money to farmers who raise the best grades. Pishan County also supplies the town with wheat, cotton, livestock, eggs, vegetables, fruit.

Tea houses are the meeting-places of all China. This farmer has sold his produce and come to sit, talk with friends, hear the news, do business and even sip tea.

The physical facts about Pishan can be stated briefly. It is located in Szechwan Province, 600 miles from the sea. It has little industry in the American sense; its 40,000 people justify their existence chiefly by maintaining the town as seat and market center of Pishan County.

The county (population 320,000) lies flat and leaf-shaped between two mountain chains. Most of its people are farmers, living in tiny villages and going forth each morning to till their fields.

For 2,000 years Pishan drowsed in up-country isolation; then war came. As the Japs seized the coastal areas, China moved inland. Chungking became the temporary capital—and Pishan woke up. For Pishan is only 43 miles from Chungking.

Now buses run spasmodically between the two cities. Chungking newspapers arrive in Pishan daily; the number who can read them is growing steadily. Schools, medicine, hygiene, courts—new developments are moving fast.

But war has had other effects in Pishan. So far, the county has sent 17,000 young men to the army, and lost at least 10 per

22 LOOK MAY 2

图①：**负重的农民靠脚力**从农村到县城赶场。因道路缺乏，他们就踏着石板路穿过田坎。作为交易中心，壁山具有典型性：超过四分之三的中国人是农民。从长城到印度支那半岛类似的集镇星罗棋布

图②：**待售的米**品质越好，农民的收入越高。壁山农村也为整个城镇提供小麦、棉花、家畜、禽蛋、蔬菜和水果

图③：**茶馆**是中国聚会的地方。这位农民卖掉农产品后坐下来和朋友聊聊天，听听新闻，谈谈生意，甚至品品茶

店主们的社区，壁山与环绕的农耕区互相依存

简要介绍一下壁山县城的实际情况，位于四川省境内，距海600英里。在美国人看来这里几乎没有工业，4万居民主要通过保持该城镇作为壁山县的行政和集贸中心来证明其存在的合理性。

壁山县（人口32万），两山夹一谷，形如柳叶。大多数人是农民，住在小村子里，日出而作。

在内陆封闭状态下壁山沉睡了2000年；然后战争来临。因为日本佬侵占了沿海地区，中国政府迁向内陆。重庆成为战时首都——而壁山苏醒。因为壁山距重庆只有43英里。

现在公共汽车不时地奔跑于两城市之间。每天重庆的报纸都送达壁山；能阅读这些报纸的人数稳定增长。学校、医疗、卫生、法院——新发展突飞猛进。

图①：**现代交通**，勉强称得上，将战时大学城璧山与重庆以及成都相连。道路崎岖，公交车破旧疲沓，人群经常在城墙外的汽车站拥挤不堪。最显眼的指示牌写着：“重庆，60公里”。可见旁边的警察岗亭

图②：**商店**为农民们提供他们不能自产的东西：衣服、家具、家用器皿和梳妆用具。这家店主可能就住在楼上

图③：**糖果**在璧山和格伦斯福尔斯都具有吸引力。这里与美国商店最主要的差别是糖果没有包装。孩子的渴望却是共同的

Modern transportation, of a sort, connects Pishan with Chungking and with Chengtu, the wartime university city. Roads are rough, buses old and tired, but crowds gather regularly at the bus station just outside the city wall. Sign in foreground reads "Chungking, 69 kilometers." Note police booth beside it.

and for the farming areas that surround it

cent of them killed in action. Another 20,000 are trained, waiting.

Meanwhile, a kind of prosperity has come. When the Japs took China's textile factories, a new weaving industry had to be created. Today almost every house in Pishan has its wooden loom. The government buys the cotton cloth, and there is work and money for all.

These are some of the new things. But the old life still goes on. Nine times a month by the lunar calendar (which rural Chinese still follow, though the government has adopted Western usage), Pishan has a market day. Then the farmers and their families trudge into town with produce to sell or trade.

Between market days the narrow streets are nearly empty, the little open-front shops all but deserted. Only the noise of the looms indicates activity.

But in the schools the children are learning their letters. So are their elders. China is committed to democracy, and China's citizens must be ready for it.

That is the newest thing of all. That is really what Pishan is fighting for.

Shops furnish farmers with things they cannot make themselves: clothes, furniture, household ware, toilet articles. Owner of this store probably lives upstairs.

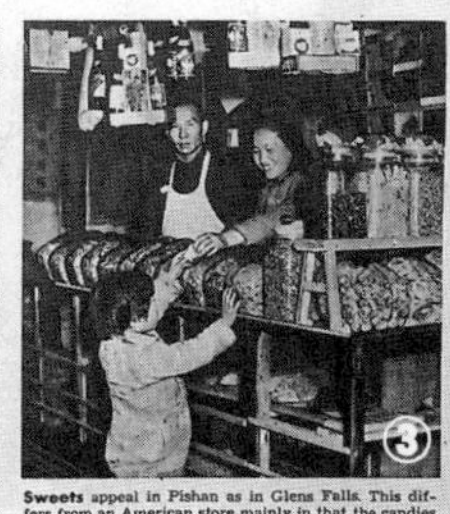

Sweets appeal in Pishan as in Glens Falls. This differs from an American store mainly in that the candies are not packaged. The child's eagerness is universal.

CONTINUED ON NEXT PAGE 23

但是战争也对璧山造成其他影响。到目前为止，该县向军队输送了17000名年轻人，其中至少已有10%在战争中牺牲。另有20000人受训待命。

同时，几分繁荣出现。当日本佬抢夺了中国的纺织厂，一种新的编织工业应运而生。如今，璧山几乎家家有木质的织布机。政府收购棉布，因此人们都有了工作和钱。

虽然出现了一些新事物，但是老一套的生活依然继续着。璧山有赶场天，按照农历每个月9次（农村的中国人仍然采用农历，虽然政府采纳了西方历法）。逢场农民和家人们便带着出售或交易的农产品步履艰难地进城。

逢场天以外，狭窄的街道几乎是空荡荡的，虚掩的临街商铺空无一人，唯有织布机的声响表明有人在活动。

在学校里孩子们在学习文化，他们的长辈们也是如此。中国致力于民主，中国公民必须做好准备。

那就是最新的事。那就是璧山真正奋斗的目标。

战争中，壁山的生活继续……壁山人为自己也为中国而劳作

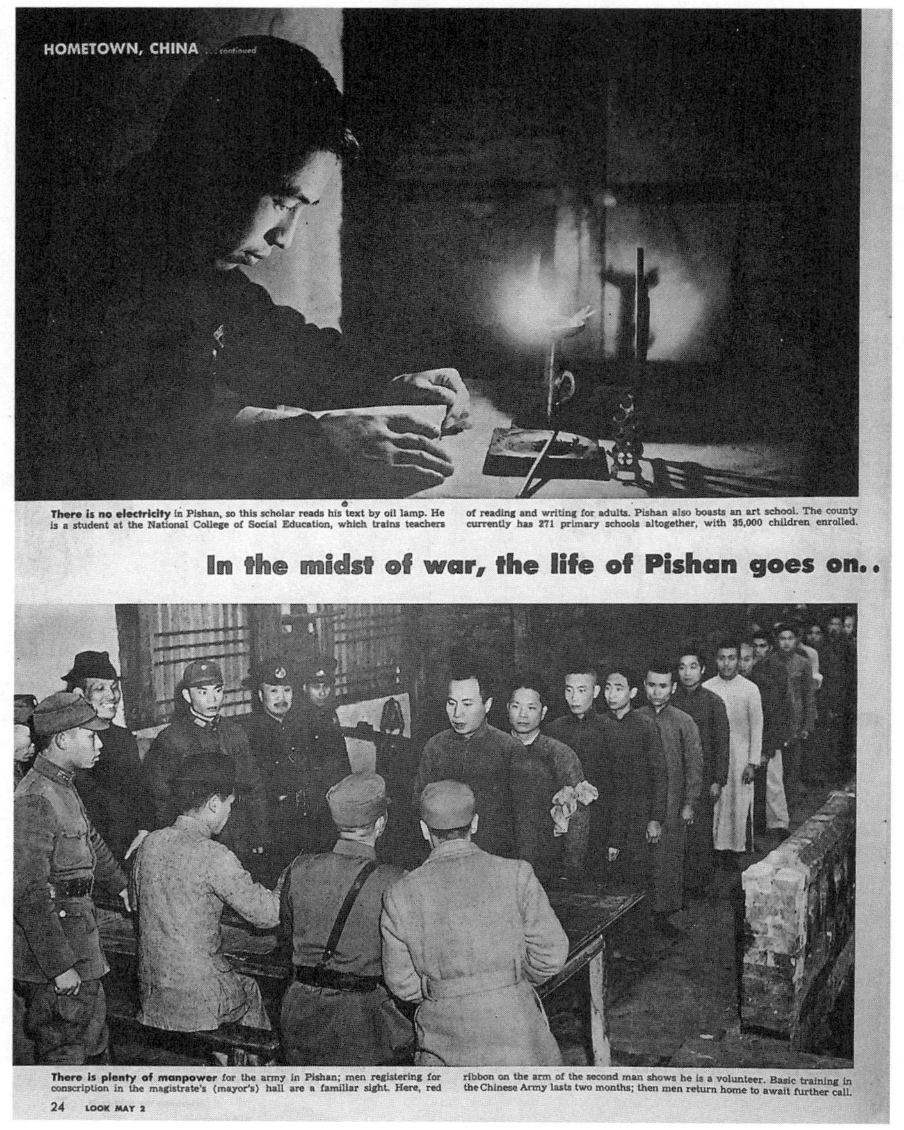
HOMETOWN, CHINA ... continued

There is no electricity in Pishan, so this scholar reads his text by oil lamp. He is a student at the National College of Social Education, which trains teachers of reading and writing for adults. Pishan also boasts an art school. The county currently has 271 primary schools altogether, with 35,000 children enrolled.

In the midst of war, the life of Pishan goes on..

There is plenty of manpower for the army in Pishan; men registering for conscription in the magistrate's (mayor's) hall are a familiar sight. Here, red ribbon on the arm of the second man shows he is a volunteer. Basic training in the Chinese Army lasts two months; then men return home to await further call.

24 LOOK MAY 2

上图：**壁山没有电**，因此这位学者在油灯下温习功课。他是国立社会教育学院的学生，该学院为成年人培养读写的教师。壁山也以拥有一所艺术学校而自豪。本县现有271所小学，35000个孩子在读

下图：**壁山有大量的人力充军**；男人们在县政府大厅应征入伍是常见的情景。这里，第二名男子手臂上的红丝带表明他是自愿入伍。中国军队的基础训练为期两月，然后男人们回家等待进一步的召唤

Cloth weaving, partly in small factories but mostly in homes, is the main industry in Pishan. Even the farmers operate looms in the winter. This woman, spinning yarn onto a spool, shows the slow, laborious nature of the work. Pishan turns out close to 1,000,000 bolts of cotton cloth a year, 400,000 for the army.

. .Its people work—for themselves and for China

Rice, staple of China's diet, is hulled by hand at Pishan's East Gate. The county contributes 3,630 tons of rice and wheat to the government every year; part of this is a land tax in kind, the rest is bought by the government. The pictures on this page hint at China's huge potential market for modern machinery.

CONTINUED ON NEXT PAGE 25

上图：**织布**是璧山的主要工业，一部分在小工厂但大多数都在家中进行。甚至农民们在冬天也织布。这位妇女将棉纱纺到线轴上，显示了这项工作费时而又艰苦的特性。璧山每年生产近100万匹棉布，40万匹供给军队

下图：**大米——中国饮食的主食**，在璧山东门被手工脱粒。全县每年向政府提供3630吨大米和小麦；一部分以实物形式交土地税，其余由政府购买。本图暗示中国具有庞大、潜在的现代机器市场

HOMETOWN, CHINA ...continued

Pishan and China look ahead to a better world

So far LOOK has pictured life in Hometown, China, very much as it has appeared for centuries. On these two pages is a brief glimpse of Pishan's future.

Adequate medical care is new to most of China. So is the streamlined court system being tried out in Pishan. So are the emancipation of women and comparative equality between the sexes. So is universal education. So, particularly, is the nation-wide democracy for which all these are in a sense but preparation.

Democracy, and the chance it offers for development along many lines, looms highest on Pishan's horizon today. Socially, it points to the end of China's age-old evils—poverty, hunger, disease, illiteracy.

Materially, Pishan's needs are almost limitless. Electricity, telephones, motion pictures, radios, automobiles, housing, labor-saving devices, machines of all kinds—these are only a few. For the country as a whole, a Chinese estimate is that within a few years after the end of the war there will be required a million miles of highway, 2,500,000 cars; 25,000 locomotives, 300,000 freight cars, 30,000 passenger cars; 5,000,000 tons of steel, 450,000 textile looms.

What Pishan Means to Glens Falls

Here is a golden opportunity for America, Russia, Britain and other nations—but not with the old aim of one-way profits. The days of foreign exploitation are gone; from now on, outsiders must help China to help herself. For China is at last taking her place in the sun. She looks ahead to peace, security, progress—and co-operation with the rest of the world.

That is the basic lesson Pishan has for Glens Falls, N. Y., and every other American Hometown. Pishan's problems not only resemble those of Glens Falls; they directly concern Glens Falls. What each community does and thinks, both during the war and after, may affect the other more than either would have dreamed possible even a decade or two ago.

LOOK's next issue will supplement this examination of Hometown, China, with a similar survey of a typical English community. For LOOK believes that only through understanding the people of other nations will the residents of Glens Falls—and of all America—learn how to live with those nations when peace comes.

Symbol of Progress in Pishan is the examination of a five-weeks-old baby at the Public Health Center, where mothers receive free pre- and post-natal care. Last year the five doctors attached to the Center treated over 10,000 patients, oversaw 600 deliveries.

Pishan's district court is a judicial experiment, dispensing quick justice without red tape. It may become a model for all China. Equally revolutionary, it has two women judges; one of them, Wen Hsueh-shu, is pictured here (right).

Sports are comparatively new in China; even newer is basketball with boys and girls on opposite teams. These students at the Pishan teachers' college astonish the older generation, but today young China knows where it is going.

26 LOOK MAY 2

图①：**壁山进步的象征**，在公共卫生中心一名五周大的婴儿接受检查，在那里产妇们得到免费的产前与产后护理。去年，属于该中心的5名医生治疗超过1万名患者，指导了600次分娩

图②：**壁山地方法院**在进行司法实验，省去繁琐程序而快速执行审判。这可能成为全中国的典范。同样具有突破性的是，壁山有两名女性法官，其中一位叫文雪淑，见图（右）

图③：**体育运动在中国较为新鲜**；更新鲜的是男女对阵的篮球比赛。这些壁山师范学校（应为：国立社会教育学院，编者注）的学生使老一辈震惊，但如今年轻的中国知道路在何方

中国和壁山规划着一个更美好的世界

迄今为止，《展望》已经描绘了中国故乡的生活。这种生活很像已出现几个世纪了。在这两页里，则是壁山未来的一瞥。

充足的医疗对大部分中国来说是新鲜事。同样新鲜的是在壁山进行试验的精简法院系统、妇女解放、男女相对平等、教育普及尤其是全民民主。在一定程度上所有这一切几乎完全在筹划中。

民主——为许多行业提供发展机会，如今赫然在壁山初现端倪。在社会方面，民主终结中国由来已久的灾祸——贫穷、饥饿、疾病、无知。

物质上，壁山的需求几乎是无限的。电力、电话、电影、收音机、汽车、住房、省力的器具和各种机器——这些数量很少。对整个国家来说，中国估计抗战结束后几年内，将需要100万英里公路，250万辆小汽车；2.5万辆火车机车，30万辆货车，3万辆客车；500万吨钢铁，45万台纺织机。

壁山对格伦斯福尔斯意味着什么

这里对美国、苏联、英国和其他国家来说是一个黄金机会——但不带有单方面利益的陈旧目标。外国剥削的日子一去不复返了；从现在起，外界的人必须协助中国自救。因为中国最终取得发展的机会，她规划着和平、安全与进步——以及与世界其他地区合作。

那就是壁山给纽约的格伦斯福尔斯和其他美国故乡的基本经验。壁山的问题不仅仅与格伦斯福尔斯相似，而且直接与格伦斯福尔斯有关。一个社区在战争期间与战后的行为与想法，可能影响另一个社区。这种影响之多超过双方甚至在十年或二十年前的想象。

《展望》下期将用一个典型英国社区的类似研究，来补充对中国故乡的调查。因为《展望》相信，只有通过了解其他民族的人民，格伦斯福尔斯的居民——甚至所有美国人，在和平来临时，必将学会与这些民族如何共处。

The youngest generation in Pishan is perhaps even more self-reliant than in Glens Falls. Here a half-grown boy helps out in the war-born teacher shortage by showing a tiny girl how to form Chinese characters. Use of a sandbox saves desperately scarce paper, pens and ink, and makes erasures simple. These children, whatever they grow up to, will be better prepared for it than any generation in their nation's history.They, and millions like them, are the hope of China.

In LOOK's next issue: Hometown, England.

27

壁山最年轻的一代也许比格伦斯福尔斯的更加自立。本图中，一个半大男孩向一个小不点女孩演示如何书写汉字，以帮助解决战时师资短缺问题。沙箱的使用节约了极端稀缺的纸张、钢笔和墨水，并且让擦除变得简便。无论他们成长为什么人，这些孩子都比其民族历史上任何一代都准备得更充分。他们，以及成千上万像他们一样的孩子，就是中国的希望

后　记

《壁山抗战记忆——来自美国国家档案馆的珍贵影像》编辑出版坚持以马克思列宁主义、毛泽东思想、邓小平理论、“三个代表”重要思想、科学发展观和习近平新时代中国特色社会主义思想为指导，坚持历史唯物主义和辩证唯物主义的观点，力求保持图片原貌。

出版发行《壁山抗战记忆——来自美国国家档案馆的珍贵影像》，是中共重庆市壁山区委党史研究室庆祝中国共产党成立100周年的成果之一。2020年3月，中共重庆市壁山区委党史研究室拟定编写出版方案。2021年7月，完成初稿编撰任务。2021年10月，形成送审稿。

刊载的图片是由美国摄影师乔治·安烈生拍摄，在存入美国国家档案馆时即进行了统一编号，并附注了图片的内容说明。在《璧山抗战记忆——来自美国国家档案馆的珍贵影像》正文中，所有的图片说明均根据图片原备注的英文说明翻译而成。本书目录标题系编者根据图片内容归类斟酌拟定。

在编撰过程中，得到晏欢、戈叔亚的大力支持，罗杨提供的《展望》杂志资料，在此一并表示感谢！由于编撰水平有限，加之时间紧任务重，不当之处在所难免，敬请广大读者批评指正。

编 者

2021年12月